故事禪 2
重啟人生

靜觀 著

目錄

第十八課 ● 擺脫思考的慣性

第十九課 ● 磨難就是祝福

第二十課 ● 做自己的貴人

【序】轉念，修一個新的自己

　　故事禪，是在故事裡悟禪；是在故事每一個角色的苦難裡、在他的心情轉變之中，看見他如何得到明師的教導、啟動調整的第一步，又如何在緣分轉折的過程之中，讓我們看見自己，也同樣有著自我改變的機會。

　　「原來如此，並沒有什麼命中註定，註定的都是過去。」

　　「原來如此，放下過去、接納自己，是為了斬斷過往的牽連。」

　　「原來如此，只要今天重新開始，未來就有了無限的生機。」

　　過去的人生，是被我這天生的個性、習性所控制，被我的喜歡與不喜歡所控制，所以註定了我會接近什麼樣的人、我會逃避什麼樣的人，註定無法解決什麼樣的問題、逃避什麼樣的事情，所以也註定了過往的煩惱與結局。

　　但是每一個故事，都在提醒著我們，只要今天的一個念頭改變、一個行動改變，甚至開口一句話的口氣改變、態度改變，人生的一切都有可能會改變。

　　曾有朋友問道：「為什麼我需要用熱情跟這個人說話

呢？他的問題總是在浪費我的時間，就算我願意耐心跟他說話，我還是覺得討厭他啊。」

　　朋友眼中所看見的，是這個人過去的樣子，是「我」討厭的樣子，他以為這個人永遠都會是這個樣子，他以為「我討厭他」的這件事永遠不會改變，所以總是排斥接觸這個人，這樣的想法讓他跨不出改變的第一步，也無法斬斷這過往的牽連。

　　斷了過去，並不是往後與他不再相見，而是與昨日的「我」不再相見，而是與那些相怨的緣分不再相見，就算是同一個人，也能夠有一個不同的相見。

　　所以啊，對於未來，我們需要多一份不同的想像，想像未來可能會改變，想像這個人可能會改變，想像我對這個人的想法可能會改變，想像我的熱情如果改變，也許我的思維也會改變，因為關鍵的問題不在於「要」或「不要」幫助他，最重要的是，要如何面對我對過往的執著、如何清空昨日的情緒，又要如何安定我今日的心情、明白當下的動機，我要試著解決當下的問題，而不只是擺張臭臉而已。

　　自己要不要熱情的說話，與「他」無關、與「他」無關、與「他」無關，只與自己有關，因為我們要做一個熱情的自己，這就是我們轉變人生、改變緣分的重要一步。

今天的「我」改變了，明天的一切都可能會改變。

當下的一念改變，就能夠改變一切。

●一句早安

人們常說，牛牽到北京還是牛，意思是說，要改變一個人是一件多麼困難的事，其實不然，師父說：「善待自己，要用熱情轉變別人對待我們的態度」，我有一個親身實踐的小故事。

我總是習慣早早出門，每天七點多就到公司上班，也常會遇到另一個早到的部門主管，只是他個性比較內向，不會主動跟別人打招呼，有一天我決定做點改變，每天都主動、熱情的先跟他打招呼，就這麼持續了一個月。後來，我發現就算我忙得沒有看見他，他也會主動來跟我說早安，而後我轉調部門，去了其他地方上班，偶爾遇到他的時候，他也會熱情的問我，怎麼那麼久沒來了啊，最近在忙什麼啊？雖然平時業務上跟他並沒有什麼交集，卻好像已經有了很好的交情，誰知道或許哪一天我就會需要他的幫忙呢？

這一切，只是從一句熱情的早安開始的，我改變了，別人就會改變，我眼中的別人樣貌也會改變。

你的身邊，有沒有人總是習慣擺著一張臭臉呢？也許你

也可以試試，用一句熱情的早安，改變他的熱情。

●從故事裡學轉念

　　故事，不只是故事而已，「一句早安」的故事，是我的真實故事，起源於師父的一句教導，而師父還有著更多的故事，可以啟發我們更多的行動與改變，在故事的不同角色裡，只要靜下心來，我們就能夠看見，也許我是故事裡的主角、也許是配角、或許是路人，也有可能我們是濟公師父的角色，需要教導或幫助別人，嘗試這麼去體會故事，我們將能夠學會如何轉換角色，站在別人的角度看事情。

　　在故事裡修禪，這是一種不同的修行，所謂修行，不是修理自己，而是修築一個新的自己，幫助自己從生活經驗、煩惱裡，去體會出專屬於自己的佛法與禪機。禪機只能意會，卻不容易說得明白，這一切都是自己在每一天的生活之中真實的體會和感受。

　　六祖慧能說：「佛法在世間，不離世間覺；離世覓菩提，恰如求兔角。」

　　所謂佛法，就是在人世間生活的法，不要限制學習的場合，不只是在廟堂、佛經裡學佛法，更要在每一天的日常生活裡學習佛法，因為啊，佛法就是生活的方法。

　　所以前人用佛經傳法，濟公道是用故事說法，靜觀也用這一系列的書來傳遞師父的法，故事不只是故事，就算是同樣的一個故事，在我們經歷了不同的時間、不同的際遇之後，再重新看一次故事，也會有不一樣的體會感受。因為啊，我們所以要來到世上走這麼一遭，承受了這麼多的艱難、痛苦，並不是為了白白的遭受折磨，而是為了「不經一事、不長一智」。

　　上天安排的挫折、歷練，其實是一個提醒，要我們醒來，不要再被世事折磨，不要再像汪洋中的一艘小船，總是擔心著下一波大浪何時會來到，而是學會看清這世事演變的局勢，學會面對問題、解決問題的智慧。學會守福、造福的方法，就算遇上了冤家、仇家，也能夠大事化小、小事化無，因為我們能夠學會如何穩下心情，開始嘗試著處理人與人之間相處的課題。

　　要轉念，要在每一段緣分裡，都去找到一個圓滿的機會，我們不需要分出誰勝誰敗，也不需要延續那些恩怨糾纏，更不需要那麼多的自我折磨與煩惱，生活中這一切的痛苦與不斷重來的錯誤，其實都在提醒我們，要甘願接受、面對人生的功課、要甘願放下情緒，選擇自己的功課，好重新找回自己的人生。

在某些痛苦的時刻，在夜深人靜的時候，你會想要聽見什麼樣的一首歌呢？你想要聽一首悲傷、心酸的歌，暗自悲傷，還是要聽一首快樂的歌，轉換心情呢？

人生不是悲歌，再值得悲傷的事，也已經是昨天的事了。變換一個不同的心境，濟公道就是修人生的喜怒哀樂，無論心情是喜是悲，都是一種不同的修行，我們可以選擇一個不一樣的心境。

●重新決定自己的人生

師父說：「外界的環境隨時都可能說改變就改變，那是自然的，因為許多的事情都在『不知道』之中，許多的事情正在悄悄的發生，我們只需要順其自然，不需要糾結。每一件事情的發生，必定有其原因，自然就好。

『自然就好』，每一件自然來的事情，就是好的事情，事情只有它背後的原因與因緣，沒有『好或壞』的分別，沒有『喜歡或是討厭』的分別，沒有『對或錯』的分別。

所以抱持著好奇的心，提醒自己要等待、要忍耐，慢慢去發現它背後的因緣，觀察它後續的發展與變化，也觀察自己心裡那些抱怨的念頭，是如何來的，又是如何安靜下來。

有一種不行，叫做『我覺得不行』，問問自己，為什麼

不行？或許遲疑的原因，就是心底有一顆放不下的石頭，才會不願意改變，才會覺得困難。

那一顆石頭或許是：『不允許自己失態、丟臉』，也許是面子放不下，面子是最容易讓人退縮、閃躲的關卡，何不嘗試捨去那一份自尊，也許就會看見柳暗花明又一村。

那一顆石頭或許是：『不允許自己失敗』，因為把失敗當成了自我的否定，但是別忘了，失敗也是一種成長與學習，所以要接受結果，然後伴隨而來的將會是學習與成長。

那一顆石頭或許是：『不願意原諒一個人』，那是執著在心裡的怨恨情緒。

一切的因果都是從『情緒』開始生起，這時更要告訴自己，想要終結因果，就必須從自己的原諒開始做起，從包容自己做起。

那一顆石頭，就是不願意自己失去了控制的權力，就是不甘願於自己這一生的命運，一個不甘願，就會鎖住自己的心，一個不甘願，就會耽誤我們的一生，因為一個放不下，就算我們唸再多的佛經、做再多的善事、累積了再多的福德，也無法開啟我們的智慧，無法改變自己的個性。

所以什麼是修持呢？就是修一個甘願，一切甘願了，就有自然心。」

　　修心的功課，最是不容易，要如何修心呢？

　　就從心裡那些不自然的情緒開始修持起，每一天時時刻刻觀照自己，注意自己的一呼一吸，讓注意力停在當下這一刻，記得：

過去的傷痛，此刻傷不了你。
未來的畏懼，此刻騙不了你。

　　常常觀照內心，注意當下這一刻的心，觀察心中的那些大石頭和不甘願的念頭，照亮內心那些黑暗的角落，洗清情緒，這一天一天的做起，無心的做起，習慣之後，就會成為自然了。

　　人生中的喜怒哀樂，就像是高高低低的音符，有的輕快、有的悲傷，我們可以指揮自己的樂曲，轉化悲傷的情緒，融入快樂的元素，轉變人生成為一首不一樣的樂曲，在每一天的忙忙碌碌之中成就自己，在每一天的成就之中明白自己，明白這一切的努力價值在哪裡，於是走過悲傷、痛苦自然，走過得意、歡喜也自然。

　　人生的每一個感受，都是我們自己可以選擇、可以承擔、可以接納、可以創造的，人生的圓滿，並不是來自於事

事的順心如意，並不是來自於孩子聽話、符合期待，也不是工作、事業的成功。

人生真正的圓滿，是心的圓滿，要從自度開始，先度化自己的心，從善待自己開始，從接納自己的不足開始，接納自己的能力不足、經驗不足、個性不足、口才不足和堅強不足，於是更加甘願學習、模仿，在跌倒中不斷爬起，一天天的堅強自己。

善待了自己，就會知道要如何善待身邊的人，能夠用熱情去度化別人的心，更會知道如何接納那些發生在工作、健康、家人、感情、孩子身上的一切不圓滿。於是不斷的奉獻付出，做自己的福德，自然能把今天的不圓滿，轉做不一樣的善緣，就算這個人討厭我們，我們也能夠找到方法，用熱情去轉變他對待我們的態度，只要我們願意相信，相信這一切都能夠改變。

看哪，這人生雖然處處都是坑洞，卻也是處處都有解決的方法，遇過的坑洞越多，我們學會的方法也越多，這就是一種圓滿的心境，坑洞再多，我們也願意用一個「啟動」去填滿它，生活中遇見的每一件事，都不是壞事，都在呼喚著我們趕緊「啟動」，這就是故事禪裡的禪機，其中記錄了這些年我在師父身邊看見過的真人真事。

　　人生就像是一首歌曲，過去的樂符是別人幫我們寫的，悲傷難過都已經過去了；從今天開始，人生這一首歌曲，每個音符都由自己決定，面對世事的心情，都由自己決定。

　　生活的人事不圓滿，自己的心境可以圓滿，
　　不求人事物的圓滿，上天的安排就是圓滿。

【第一課】自然修行，事事不慢

　　說到修行，人們往往聯想到那些刻苦、嚴格的方法，像是吃素、唸經、坐禪等等，好像每天都要嚴守戒條、清規，不可以說錯話、不可以犯錯；也有人以為要去到禪寺、佛堂才能夠清修。人們花了許多時間談論修行的方法和場所，卻很少談到修行的內涵。

　　我們為什麼需要修行？修行能夠改變我們的工作嗎？能夠轉變我們與家人的關係嗎？能夠改善夫妻之間的相處嗎？能夠改變我們的人生嗎？如果我們的修行與這些事情無關，那又要如何解脫煩惱？

　　所以什麼是修行呢？

　　修行，就是重新修築每一天的一言一行；因為人與人之間的問題，總是來自於言與行，一句話沒有講好，口氣不對、表達的方法不對，就會造成了新的問題和煩惱，就會在工作、家庭的生活之中帶來困擾。

　　再一次，修，不是「修理」的修，而是「修築」的修。

　　修，不是嚴厲的去找出自己犯的錯，不是判定自己犯下的罪惡，更不是要修理自己、懲罰自己，因為啊，我並不是

壞，我只是不足，我只是學習不足、經驗不足，所以我們需要推倒重來，重新修築一個新的自己。

比方說，昨天的行動、說話如果不適當，事情如果沒有得到一個好的結果，那就趕緊換個方式去做看看、去說看看。不需要再浪費心思去爭辯、生氣，不要責怪別人為什麼懶惰，更不需要責怪自己，而要專注思考自己要怎麼達到目標、要如何解決問題，更要明白自己的動機，鼓起勇氣去做、去採取行動，那就是善待了自己。

放下與人結怨的思緒，心中不要有怨，因為今日的怨，將會是明日的恨，冤冤相報何時了？給自己修築一條新的路、調整一個說話的方法，轉換一個心情，於是今天的公司與家庭，都是我們樂心修行的道場，在這裡就能找到世間的佛法，就有我們需要的世間覺。

所以修行是件自然的事情，每一天的一言一行都是修行，一思一念都有禪機。

●一昧苦修，無法得道

既然每一天的生活都是修行，修行就沒有什麼特別的儀式，也不需要求些什麼，要無心的沉浸其中，要自然的接納自己的每一個選擇，漸漸習慣這生活中的有起有伏，有順利

也有不順利。無心的自然做起，只有專注在「做得到」的事情上，才能夠樂在其中，而不會折磨了自己。

釋迦牟尼佛在成佛之前，花了六年的時間以苦行僧的方法修行，每天只吃極少的食物，折磨自己的身體，卻始終無法得道，有一天在他昏迷之際，他聽到一個老樂師叮嚀一個孩子說：「琴弦調得太鬆，彈不出聲音，調得太緊，一彈就會斷，一定要鬆緊適中，才能發出悅耳的聲音。」

聽到這段話，釋迦牟尼佛才醒悟到，一味的苦修，是無法得道的，於是他改變了修行的心境，終於在菩提樹下悟道、得道。

師父說：「什麼是自然、無心？就是沒有比較心，在做善事的時候，就不要去分別別人是貧是富、是好是壞，不要為了『我』的比較、情緒、感受，而改變了原本願意幫助別人的心。

沒有了比較心，我們就會有了樂心，每一天的樂心，漸漸就會變成自然心，自然心變成無心。

因為自己不斷的啟動練習，練習不跟別人比較、不與人計較，所以心裡漸漸能夠快樂，心裡越是快樂，越不會跟人計較、比較，漸漸能夠自然的快樂自己，當心中不再生起比

較的情緒，不再需要降伏情緒，那就是一種無心自然的境界了。

　　所以，在每一天日常生活中的修行，真的需要緊盯著自己、真的需要時時刻刻提醒自己『要努力修行』嗎？當然不需要。

　　修行，就是自然要做的事情。只要啟動了自己的行動、去做，自然會覺得快樂，就算我們幫助了別人、我們為別人做了開示，就算我們有了小小的一點成就，雖然心裡有了優越感、有了榮譽感，這時在我們的心裡，也要把那些優越感全部放開和散開。當這些『自我感覺良好』的感受都散開之後，就會成為了一朵『快樂心』，只剩下快樂而已。

　　再一次，把快樂心變成自然心，自然心會變成無心，無心就沒有分別，沒有了分別，我們就不會為了結果是好、是壞而驕傲、狂喜或難受，我們也不再需要別人的感謝和感恩，因為我們的所做所為，是為了自己的快樂心。

　　所以，讓快樂心變成自然心，自然心變為無心，無心最後又會回到我們的快樂心，這樣的心就能心無旁鶩、沒有牽掛，專注在自己每一天要做的事，自然無心，而且快樂，這樣的心，就是我們的濟公道。」

用快樂的心境，去享受每一天努力生活的過程，不只是適度放鬆自己的心弦，更能夠每一天調整自己的心弦，不會鬆懈了修持，也不會對別人嚴厲批評，而是與身旁的人們共好，好像在與他們共同彈奏一曲美好的樂曲，那就是與人共好的善緣。

與其在心裡不斷碎碎唸，不如在心裡保有一個快樂的念頭。如果有什麼事情、規矩、教條，造成了我們的碎碎唸、造成了我們的分別心和不快樂，如果我們堅持要限制別人怎麼做事、怎麼說話，那就是一個框框，那就是我們需要學習跨越的地方。

師父說：「你們如果用束縛限制自己，這人生就沒有意思，就像釀酒一樣，你們要在這裡面浸泡快樂的元素，生活遇到的種種問題，自然就能夠解決。

認識了師父之後，你們有沒有覺得自己的想法、身體不一樣了，人生的觀念也開始有了改變呢？你們的人生當然不會馬上就好轉，就好像學吉他一樣，不可能馬上就會彈一首歌，剛開始學的曲調比較簡單，剛開始也彈得生疏、斷斷續續，只要持續練習，只要加入一個快樂的泉源，自然就會彈得更好。」

人生就像是一首歌，要快樂的唱起這首歌，要每一天自

然的練習。

●習慣成自然

　　雖然說是自然心，但是它卻來得一點也不自然。

　　師父說：「在濟公道裡最重要的，就是無心與自然，自然心是怎麼來的呢？自然心，是經過日積月累，是每一天每時每刻的練習，慢慢累積而來的。

　　所以它不是想要自然就能夠自然的心，那是不可能的事情，那就好像樹的年輪，需要經過一年又一年的四季變化，好像人的皺紋也是隨著歲月、一天又一天的累積而來的。

　　自然心，是一點一滴的累積，累積的是我們的修持，懂得修持的心，將能夠控制我們的情緒，能夠培養自己的耐心，能夠化解心中的憂悶，那需要長久不斷的練習、做起。那絕對不是一天兩天就能夠成就的心，如果不經歷種種的痛苦和經驗、如果沒有一次次的練習和放下，我們就無法體會自然心的奧妙之處。

　　當你們經歷一份辛苦、痛苦，而且巨大壓力的工作，當你們在一段痛苦的過程中掙扎求生的時候，你們對於自然心的感受在哪裡？

你們必須經歷心裡的痛苦、必須體會那些做起的過程，體會其中的種種感受、撐過了那些想要放棄的念頭之後，你們的心才能找到一份甘願。你們要學會一份甘願，心甘願了，甘願做了，就不再需要別人的肯定，更不再需要別人給我們同理心。

如果一個人想要別人給他同理心，那就是失敗的開始，如果你們希望別人能夠體會你們的心，如果你們總是心裡委屈，希望別人站在你們的角度，為你們著想，那你們就要開始走入失敗了。

一定要忍耐、要堅強度過這一段最辛苦的時期，當你們習慣成自然之後，當心裡不再有怨嘆了，不再感受到心裡的其他心態、情緒之後，你們就會開始體會自然心的奧妙了。」

就像是跑步一般，一般人根本不喜歡跑步，當然不會接受跑步的辛苦練習，但是當他有了跑步的理由，有了尋求健康的動機之後，他就要開始面對這門功課，就像我們為了人生的長久快樂，為了不再折磨自己，也需要開始體會、接受自然心的這個課題。

剛開始跑的時候，身體的痛苦會讓我們想要停下腳步，會讓我們懷疑自己：「我幹嘛要這樣折磨自己？」這時就必

須忍耐，仍然願意承擔那些身體的辛苦感受，需要每一天不間斷的跑，直到身體肌肉強壯了，習慣了那樣的運動強度，跑步就不會再有什麼特別的感受，而是自然的做起了，就如同我們習慣了對心的修持。

習慣，就會成為自然。

●自然心的修持

師父說：「所以，自然心就要經過自我的修持、個性的修持、以及我們的自我轉變與轉化，所以修持二字，說來容易，做起來卻完全不是我們想像的那麼一回事。

想要有自然心，想要做這修心的功課，就要開始注重你們每一天的看見、每一個時刻、每一個態度、每一次說話的口氣，如此，你們的自然心就會一天一天的不同。所以，一定要明白自然心是怎麼修來的，這一件事很重要。」

在剛開始的時候，總會經歷一段不自然的過程，在我們學會善待自己之前，我們一定會看別人不順眼、看事情不順眼、說話的口氣難免會無法控制，所以我們必須有心理準備，準備好面對心裡那些不順心的情緒，開始練習當個旁觀的第三者，靜靜的觀察自己，觀察這一刻的情緒，觀察每一

個感受，心裡不平靜的時候，再回想一下，上一次安定的感
受是什麼。

　　不要貪戀發洩情緒的快感，而是享受安定情緒的成就
感，這就是修持安定的心法。

　　這將是一段長長久久的旅程，在不斷的練習當中，我們
將會經歷不斷的失敗，將要經歷無數次的自我爭辯：「他明
明做錯了，我為什麼不能修理他？」、「我已經這麼忙了，
要我怎麼熱情、怎麼付出啊？」、「我為什麼又生氣了？」

　　失敗是必然的過程，一定要記得：「我不是壞，我只是
不足。」

　　現在就開始接納每一刻的自己，練習在每一個當下接納
現狀、接納自己，越是急躁、激動的時刻，越要給自己幾分
鐘，看見自己心裡的不甘願，看見受情緒折磨的自己，告訴
自己：「算了吧，放過自己」，讓我們重新開始，想想該要
如何解決問題、如何處理事情、如何說話、如何承擔，於是
下一刻就會開始變得不一樣。

　　總是嘗試著遠離情緒，總是試著拯救自己，不再受到
「我」的折磨，因為我們想要善待自己，於是，我們漸漸能
夠明白，為什麼師父總是說，濟公道裡沒有敵人、沒有朋友，
因為每一個對立的想法、每一個對與錯的看法，都會帶來不

甘願，我們只要告訴自己，一切都是共同的興趣，一起來解決問題，我們就能夠找到一個不同的方法說話、做事，我們就能夠找到一個不一樣的自己。

　　這就是自然心的修持過程，那會是數十年如一日的練習過程。

●遠離情緒的牢籠

　　師父說：「修持自然心的過程中，一定會遭遇痛苦，這時是要自己為自己悲傷呢？還是希望別人也為我們悲傷呢？如果走不出自己的情緒，一切的功課只好再回到原點，直到自己重新想起最初的動機，重新開始、再出發。

　　未來要走什麼路，一切都是自己的選擇與決定，那都是自己要走的，沒有別人可以代替，既然做了選擇，那就是自己承擔，心裡別再有怨嘆，也不需要期待別人的同理心。

　　一旦回到原點，就像把自己關進了一個籠子，不斷在情緒之中打轉，這情緒只會越積越深，如果事事責怪別人，以為這籠子是別人給的，以為是別人限制了我們，那麼這籠子何時開門、何時關門，別人何時要餵我們吃東西，何時要幫我們清理籠裡的垃圾，都由不得我們。

　　困在自己想像的籠子裡，垃圾卻沒有人幫我們清理，當

　　垃圾越積越多，我們的身體就要生病了，這一生的運途都將要困在這情緒的牢籠裡。

　　做出選擇吧，走出這座牢籠。有句話說：『醫生難救無命人』，如果病人自己失去了求生意志，醫生的醫術再高也無濟於事，如果我們寧可相信宿命因果，神佛縱然有再多的道理方法，也無法把我們拉回正途。

　　修行，就是在體會之中看見了自己、醒悟了自己，我們要自己去用心體會，體會這籠子是怎麼來的，一定要記得，籠子不是別人給的，雖然我們想要怪罪別人，雖然我們總以為籠子是別人給的，其實這籠子都是自己給自己的。

　　拿掉那個籠子之後，雖然我們還停在原點，但是至少我們可以自主，可以做自己的主人，不再受到『情緒』的控制，至少可以自己清理身邊的垃圾，不再做這情緒的奴隸。千萬記得，沒有人可以給我們同理心，我們要學著自我堅強，所以不管做什麼事情，都要找到自己的樂心，有了樂心，無心自來。如果我們有熱情，能夠全心的投入一件事情，只要享受那個過程，我們就能夠快樂的做這一件事情，能夠成就我們自己。

　　自然心不只是在痛苦經驗之中累積，也可以在快樂的過程當中累積。人生不是只有『磨』可以在心裡留下痕跡，『快

樂』也可以，所以不要執著在痛苦裡，更要用快樂去建立起你們智慧的年輪。」

大樹的年輪，是怎麼形成的呢？

那是因為春、夏、秋、冬的氣溫、雨水不同的緣故，氣候如果只有春天，或者只有冬天，這棵樹就不會有年輪的痕跡，就好像我們的生活，本來就會有喜、怒、哀、樂的情緒，悲傷、挫折是苦，得意、驕傲是苦，執著在情緒之中是苦，想要控制，卻又無法控制也是苦，無法控制別人的個性，無法控制別人講話的口氣、做事的方法，無法控制今天的天氣晴雨，無法控制自己的看人不順眼，那都是苦。

所以濟公道就在修人生的喜怒哀樂，修持這一顆心的穩，不被別人控制了情緒，不會為了一時的得與失而執著，每一個情緒、念頭的修持，都將留下經驗的痕跡，在未來的春夏秋冬、在每一天的喜怒哀樂裡累積，那就是我們智慧的年輪。

●不強求，不怕慢

師父說：「你們學了這麼多的道理，要從哪裡開始做起呢？是不是覺得有好多的功課要做呢？是不是怕自己學得比

別人慢？做得比別人慢呢？

　　記得，無論是什麼事情，都沒有『慢』這一個字。做任何事情，都不要擔心『慢』。做任何事情，都要『清楚明確自己的動機』，只要動機明確，都不用擔心『慢』的問題，凡事不用急。

　　為什麼？因為一切自然，自然來得及。自然，就是沒有開始，沒有結尾，既然沒有開始，怎麼會輸在起跑點呢？既然沒有結尾，又怎麼會輸在終點呢？

　　所謂自然，就是明白如何產生動機，就從這一刻開始轉變心態，開始做起，明白了公司、主管的方向目標在哪裡，就去準備、規劃、行動。知道了師父的教導，當下就調整了自己的想法、心態，這就是接軌，接軌不需要等待黃道吉日，更不需要什麼儀式，不需要什麼規定、規矩，自然的開始，自然的出發；因為自然的規律，早就在天地萬物之中運行，我們隨時開始做起，就是隨時和自然接軌，濟公道就是如此。」

　　修行這一件事情，是即知即行；
　　隨時知道了就去做，沒有開始，沒有暫停，也沒有結束；
　　所以沒有快，也沒有慢，當下即是。

　　事情的結果好壞，也不是決定於完成的快或慢，試著從因緣的角度看待；如果這件事原本就強求不來，也許就有它需要慢慢來的緣分，不如放輕鬆，用心去體會觀察事情裡的每一個人、每一個細節，就會得到更多的學習感受。

●一切都沒有慢

　　這一段自然心的教導，是師父好幾年前給我們的教導，筆記早就寫好了，但是對於靜觀的教導，卻在此刻才有了真正的意義。

　　最近的半年來，靜觀的工作有了很大的改變，從公司的一個內勤單位，轉換成為一個外部業務的角色，我必須從一個最菜、什麼都不懂的業務開始做起。幸好有著師父的一路點醒，每一步雖然走得艱難、挫折，卻仍然能夠平安度過，逐漸得到了經驗，最近開始轉為操盤的角色，不只是跑客戶，更要規劃新的業務策略，還要自己一步一步的執行每一個工作細節，需要周旋在許多不同的人們之間。相較於過去，無論是工作量、無論身上的責任和壓力都增加了好幾倍，有時也難免會想：「為什麼我一定要做這麼艱難的工作呢？」、「什麼時候才能夠輕鬆一點呢？」、「我能不能放棄呢？」

　　就在這個時候，師父提醒我，不管多忙，無論如何都要
啟動這一本新書的出版工作，於是我讀到了那一段話：

　　「你們必須經歷心裡的痛苦、必須體會那些做起的過
程，體會其中的種種感受、撐過了那些想要放棄的念頭之
後，你們的心才能找到一份甘願，你們要學會一份甘願，心
甘願做了，就不再需要別人的肯定，更不再需要別人給我們
同理心。」

　　原來如此，此刻的靜觀正是最需要這一份教導的人，彷
彿師父早在幾年前就準備好了這份教導，等著今日的靜觀重
新體會、認識這份教導。許多的朋友也告訴我，當他們遇到
困難挫折的時候，當他們自然的翻開了書中的某一頁，常常
會意外的找到了他們需要的答案，那是一種心安的感覺，明
白自己總是走在對的路上，知道自己並沒有做錯什麼、並沒
有錯過什麼，一切都沒有慢，只管啟動自己就是了。

　　在感受孤單的時候、在感受無助的時候，我就像是一艘
小船，獨自航行在黑夜的海上，但是回頭看看，我的身後還
有著信仰這一座燈塔，指引著前路方向，只要看清楚方向，
繼續努力前進，總會一步步的走出自己。

　　一切都沒有慢，所以不用急躁、不必畏懼，不用擔心天
為什麼還沒有亮，不用擔心明天會不會失敗；我們只要開始

習慣堅強，學著不讓情緒潰堤，不再退縮，我們就不需要再有受苦的感受，也不用在意外面是天黑或是天亮，因為心中自有光亮，一切都是自然、無心等待。

什麼是信仰？

神明，是你的感受；
道理，是你的感覺；
實現，才是你最真實的體會。

從故事裡找到自己的下一步實現與體會，就會找到自己的信仰感受，靜觀是這麼一步步實現體會的，更希望這一本書能為你帶來一份安心、不一樣的感覺與感受，未來的人生路途雖然艱難，卻也因此精彩。

【第二課】融入角色，看見自己

　　在信仰裡，我們並不是在尋找一種心靈寄託，也不是為自己的處境尋找一個說法，更不是為了讓自己認命、不再努力，別讓自己甘願困在原地，別讓自己停止改變，正信的信仰總是鼓勵人們跳出困住自我的心境，不是等著別人讓路給我們走，而是靠自己找到新的出路。

　　信仰，就像是燈塔指引著方向，不是要我們躲在燈塔之下，而是要我們順著燈光指的方向，去找到新的出路，那是心的出路。

●三個聖杯

　　師父說：「在南部有一座非常靈驗、有求必應的土地公廟。有一天，土地公身上的金牌竟然不見了，這個時候，一個小女孩走了過去，當場就有人指著小女孩說，八成是她偷的。

　　為什麼會這麼懷疑她呢？因為這個小女孩打從她八歲起，就對土地公有著虔誠的信仰，她每天要去學校之前，一定會專程繞路來土地公廟，為土地公點香，為土地公擦拭桌

子、打掃地面，但是這些人們卻說，為什麼小女孩不直接去學校，卻要專程繞路跑來土地公廟呢？一定是為了偷金牌。

受到人們的質問，小女孩當然不接受這樣的指控，她本來就沒有偷拿金牌，於是有人提議說：『既然土地公這麼靈驗，不如我們就擲筊來問問土地公，如果擲出了三次聖杯，那就代表是妳偷的！』

小女孩毫不害怕，她說自己行得正、坐得直，沒有做就是沒有做。於是眾人就開始稟告土地公，開始擲筊。

沒有想到，一向靈驗的土地公，真的一連應了三個聖杯。

眾人議論紛紛，開始指責小女孩，小女孩卻還是堅持自己沒有拿，就連她的父母也來勸她坦白說出實話，問題是小女孩明明就沒有拿，她要如何承認呢？

光憑三個聖杯，當然不可能拿來當作報警的證據，這件事情也就不了了之，但是從那一天開始，小女孩就被身邊的人們當作小偷看待，包括她的朋友、包括那些村里間的大人們。

如果你是這個小女孩，你會是什麼樣的心情呢？試著去體會她的心情，沒有人相信她，就連自己虔誠相信的土地公，也沒能證明自己的清白，在這樣的情況下，她到底還要

不要繼續相信下去呢？

　　日子一天過了一天，小女孩上了國中，但是她還是沒有改變，每一天經過土地公廟，她依然是點香拜拜，一樣的擦桌子，一樣的打掃地板，她的心裡雖然受到創傷，但是她的心意沒有改變，她從來沒有怨嘆土地公當初應的三個聖杯，難道土地公真的這樣的捉弄人嗎？

　　三個聖杯，足足折磨了小女孩三年多。

　　這時小女孩上了國中三年級，這段日子以來，她的同學們都不願意跟她做朋友，就連老師們也用異樣的眼光看待她，這裡畢竟是個鄉下地方，一點小事都會傳得人盡皆知，這小女孩的心情感受，又有誰會明白她的難過。

　　有一天，土地公身上忽然又多了一面大大的金牌，一旁還放了一封信，信裡這麼寫著：『我三年前因為事業不順利，所以跟土地公借了一面金牌，現在我的事業有了發展，所以才打了一個更大的金牌來還給土地公，謝謝土地公。』

　　真相終於大白，原來是別人偷拿的金牌，的確不是小女孩拿的，小女孩足足被冤枉了三年。消息傳了出去，村莊裡有一些不懂信仰的人，氣得要把土地公廟給拆了；而原來相信土地公的，也不再相信土地公了，他們認為土地公是非不分。

　　但是，明明平時土地公都是有求必應，總是問事靈驗，為什麼會發生這樣的事情呢？」

　　光憑三個聖杯，就能判人生、判人死嗎？問題不是出在土地公身上，而是出在人心之上。對人對事的判斷，一切都應該是自己的承擔，不是推卸責任給信仰、給神明，不知道的事情，就是不知道，不要與人對立、衝突，那些以為自己知道的事情，就要多多的觀察、思維，我們的承擔才會越來越堅強。

　　正信的信仰，應有一份正氣，正氣來自於信仰裡的道理，來自於自己實踐道理的親身體會，在體會之中更加的相信自己、相信道理，對於神佛的感受也會更加的不同，於是能夠長保心中的正氣。

●土地公的苦心，小女孩的堅強

　　師父說：「小女孩知道了真相後，她知道自己的苦日子終於結束了，她獨自一個人走啊走的，一邊走一邊流淚，在她的心裡，她並不責怪土地公，她只怪自己的運不好，走到一棵大樹下，她抱著大樹哭了起來，傷心自己這三年來所受的冤屈，她傷心自己被父母當作小偷，這三年多來，她堅持

著自己的骨氣，無論別人怎麼說，她總是堅持著自己的清白。

　　這個時候，身穿黑衣，頭上帽子有個佛字的濟公師父出現了，他說：『小女孩啊小女孩，為什麼妳一個人在這裡哭得這麼傷心呢』

　　小女孩見到濟公師父，哭得更傷心了，濟公師父安慰她說：『小女孩啊小女孩，別再哭了啊，妳會遇到這樣的事情，必有其原因，不是土地公不靈驗，只是那副筊杯經年累月被人們摔久了，已經用了十幾年了，它就是容易出聖杯，那一天就是那麼的巧合，但又不是偶然的。』不是巧合，又不是偶然的？這話是什麼意思？

　　世上發生的每一件事情都不是偶然的，而是日月累積的，不是因果，而是因緣。

　　土地公又沒法子開口，沒辦法說出祂對小女孩的疼惜與安排，世上的事情不能只看表面、結果，而要看見其中的過程與緣分。

　　在這三年裡，小女孩學會了一件事情，她學會了堅強，她學會換個不同的角度去看事情，她明白土地公這麼做，一定有祂的原因，她在等待著土地公給她一個答案。

　　土地公有沒有靈感呢？借去金牌的那個人，不是事業有成，才還了金牌嗎？這土地公當然是有靈感的。

　　要相信土地公的靈感安排啊，土地公也是為了疼惜小女孩，為了保全她有個完整的家庭，因為有這件事情，小女孩的父母常常互相的嘆息：『啊，都是我沒有把孩子教好啊，才會發生這種事情。』夫妻兩人有了共同的話題，常常相互溝通、聊天，要是沒有發生這一件事情，小女孩的父母原本是要離婚的。

　　至於小女孩，因為這三年裡，她的同學都不理她，所以小女孩選擇與書本做朋友，每一天都用唸書來陪伴自己，因為這三個聖杯，她一輩子都習慣了以書本為伴。後來她一路順利升學，考上了法官，更因為她的同情心，因為她懂得就事論事，她不會輕易的判人生死，在經過了多年的判案生涯之後，她明白體會了一句話：『不管自己再怎麼認真的審判，這世上也沒有真正的公平。』

　　故事說到這裡，所以遇到困難的時候，受人誤會的時候，上天有靈感，一定會幫你的忙。如果別人說的觀念值得認同，我們不妨去做看看，如果做了有感受，那就繼續做下去，能夠給我們觀念之人，就是我們的老師。

　　不必為了得到別人的認同，而感到痛苦，而是要堅強自

己，做出自我的認同，這就是我們濟公道的快樂心、快樂道。」

　　讓我們試著融入每一個角色，體會每一個角色的心情，輕信擲筊的村民、不願意支持自己孩子的父母、一旁觀察的濟公師父，與無法開口的土地公，當然，還有堅強意志的小女孩的心情。

　　三年的委屈，如果是一般人，也許會落得整日鬱鬱寡歡，放棄了自己，但是這三年的委屈，反而改變了小女孩的一生。

　　關鍵是什麼呢？

　　是小女孩的自我堅強，是她的堅定信仰，是她對自己的相信，堅持不讓別人的態度傷害了自己，她等待，每一天努力的等待。

　　心的堅強，就是自我的出路，只要願意等待，就能夠轉危為安，就能夠得到上天的祝福，小女孩相信自己的奉獻付出，所以願意等待。這土地公的安排，看似折磨人、看似讓人痛苦，只要我們的心能夠堅強，它就會變成一份祝福，我們的心若是軟弱，它就會變成一種厄運，

　　所以每一件事情是祝福或是厄運，其實都是自己的決

定，相信自己的作為，相信自己的正念，重新尋找心的出路，一切都是自己的選擇。

心的出路，是看見自己選擇的路，堅持這一條路。

●四位媽媽的故事

望子成龍、望女成鳳是做父母的心願和滿足，但是什麼叫做成龍、成鳳呢？我們要抱著什麼樣的期待看待孩子，才不會影響我們做父母的初衷與動機呢？

師父說：「你們都會說自己的孩子多麼優秀，或是說孩子怎麼不聽話，讓師父為你們說個故事，這個故事也是網路上找來改編的。

以前在印度，婦人如果要挑水，都是用頭頂著水缸，這時有四位媽媽頂著水缸來到水池邊要挑水，於是就聊了起來。

第一個媽媽說：『我的兒子很厲害，練了一身健壯的肌肉，你看他胸肌厚實、大腿和手臂的肌肉都好強壯，力大無窮啊。』

第二個媽媽說：『我的兒子雖然不像你兒子那麼有力量，但是我兒子啊，寫起字來特別的好看，尤其是他寫《金剛經》

的時候，寫出來就有金剛的氣勢。』

第三個媽媽說：『你們的兒子都不錯，但是我兒子唱歌有夠好聽，唱起山歌啊，大家都誇獎。』第三個媽媽說完，換第四個媽媽，第四個媽媽會怎麼說呢？她卻只是默默做事，什麼也沒有說。一旁的三個母親就繼續說，她們的兒子多麼優秀、多麼傑出。

就在這個時候，她們的兒子一起出現了，三個媽媽都驕傲的介紹自己的兒子，說他們多麼的優秀。第四個媽媽一樣什麼也沒說，但是她的兒子才剛來，就把母親頭上的水缸接了過去，兩人有說有笑的，牽著手離開了。

另外三個媽媽都看傻了眼，她們的兒子再怎麼優秀，卻從來沒有這麼做過，這就是培養孩子的感受，你們看第四個媽媽是不是感到很欣慰呢？她還需要羨慕其他三個媽媽們的兒子有多優秀嗎？

其實孩子的優秀或不優秀，都是表現在孩子的行為和感受之上，重要的是他們是不是能夠注重父母的感受。

其實大家的孩子都是優秀的，但是孩子再優秀，也要知道怎麼對父母貼心，什麼是貼心呢？就是知道父母的辛苦，只要孩子明白父母的辛苦，這孩子就不會走偏了道路，只要孩子懂得關心父母，就是好孩子。

這個故事在告訴你們，對孩子的期待，不需要太多，孩子只要懂得聽話，能夠有一句關心貼心的話，這樣的養育就值得了，不需要望子成龍、不需要望女成鳳，不要給孩子太多壓力。

如果，你們在孩子小的時候，沒有機會陪伴他們長大，沒有關係，現在開始陪伴還來得及，這就是師父要教導你們的用意。

放下了對孩子的要求和期待，你們就會看見孩子的心情，更能夠與孩子接近、交心，等你們有了共同的回憶，有了共同的感情，孩子日後一定會懂得孝順。」

天下父母心，求的是什麼？當我們白髮蒼蒼，人生不再打拚的時候，我們將會用什麼樣的心境面對孩子呢？

●融入角色

當師父講到第四個兒子的貼心時，有位師姊忽然落了淚，原來，她聽明白了師父的故事，她就是故事中的第三位母親，有一個很會唱歌的兒子，同時她的兒子也正是第四個兒子，是個很懂得貼心的孩子，而師父的確是特地為這位師姊說的故事，這就是師父的教導和安排。

　　在故事裡，這位師姊醒悟了自己的心境，也看到了孩子的好，終於明白要怎麼調整心情，這就是師父說的「融入角色」。

　　融入角色，就是把故事的情境，對應到我們的生活中，對應那些我們曾經遇過的人，曾經遇過的事情，當故事與我們自己的人生有了連結，我們的感受就會更加的深刻，然後有所體會與學習，知道未來如何改變。

　　學會在別人的故事裡看到自己，明白了道理，更加融入自己的角色，心態就能慢慢的不同、轉變，更懂得如何做起，如何為自己建立新的目標，付出新的行動。

　　人生就是戲，人生就是故事與道理，自然無心。

【第三課】奉獻，自然有福

師父說：「如果說要信神明，那是要信什麼呢？要信道理，要信一個奉獻心，要相信自己體會的感受。聽故事吧。」

●兩個家庭

師父說：「有一個男人，妻子很早就過世了，他獨自撫養一個兒子，只是一個大男人也不知道怎麼教導孩子，不管兒子做什麼事，他只要看不順眼就是罵，這位嚴父從來沒有一句鼓勵的話，無論什麼事情都是罵，罵得這個做兒子的，一點自信也沒有。

隔壁另外一個家庭，父親很早就過世了，只有母親和兒子相依為命。母親每天無論孩子做好事或做壞事，都是一樣鼓勵和安慰他，就算是兒子欺負了別人，母親也誇獎他做得好，兒子在外面偷東西，居然還說他做得對，誇獎他拿偷來的東西貼補家用，這個孩子被這位慈母寵過頭了，反而一點智慧也沒有啊。

他們的鄰居看到兩個家庭，兩種完全不同的教養方法，心中充滿了好奇，想要知道這兩種方法教出來的孩子，未來

的成長會有什麼不同。

　　有一天，慈母的兒子上完班，氣沖沖的回到家來，他抱怨說：『我去公司上班，老闆居然整天叫我搬貨物，害我沒有時間打遊戲，這份工作我不做了啦！』慈母居然附和著說：『這個老闆真的不對，那我們就換工作吧。』雖然母親總是每件事情都順著他的意思，他也從來不曾感受到母親的疼惜。

　　另一邊，嚴父的兒子加班到很晚才回家，他回到家對父親說：『我本來是五點就可以下班的，但是老闆要我加班，我整整多上了三個小時的班，還沒有加班費可以領，我做得好累啊。』

　　嚴父根本不聽，一開口就罵人：『你既然領人薪水，就要認真工作，要是丟了飯碗，看你要怎麼辦。』

　　你們看這兒子做得這麼辛苦，也沒有加班費領，老闆對待兒子如此苛刻，做父親的卻連一句鼓勵的話也沒有，他的兒子一樣感受不到父親對他的關心。」

　　嚴父不能與孩子同心，慈母不懂教導孩子的動機，到頭來，孩子還是一樣沒人管、沒人教。

●一樣的結局

師父說：「這一天，慈母忽然接到了電話，原來她的兒子被抓到警察局去了，母親急忙趕去警察局，一進門就罵這些警察，為什麼要抓她的兒子，警察很無奈的說：『妳的兒子偷了別人的車，他還說，以前母親曾經告訴他說，只要是自己喜歡的車子，都可以牽去騎，這都是母親教的。』這位慈母聽了簡直要暈倒。

後來，這個兒子要送去監獄服刑之前，他對母親說了一句話，你們知道他說了什麼嗎？他說：『母親啊，妳這一次怎麼沒有鼓勵我呢？妳怎麼沒有誇獎我呢？』

直到這時，這位母親才明白自己過去的教育方法全錯了，也把兒子給害了。

話說另一邊，那位嚴父也接到了電話，一樣是警察局打來的電話，他趕緊去到警察局，原來他的兒子也偷了別人的車，兒子對警察說：『那台車子停在禁止停車的地方，人要做錯了事情就要處罰，我的父親從小就是這樣教導我，他還教我，如果沒有辦法處理，就要用堅強和暴力去處理，所以我才拿走他的車子。』

父親只有嚴厲的教導，卻從來都不聽孩子的心聲，也不想了解孩子的想法，所以孩子沒有自信，也不敢表達自己的

想法，只能完全模仿父親的做事方法。

　　最後這個兒子問父親：『父親啊，我完全照著您的方法去做了，我是不是可以得到您的誇獎呢？』直到這時，他還希望得到父親的一句誇獎。

　　兩種不同的教導方法，得到的卻是一樣的結局。」

●教法自然

　　師父說：「兩種教導方法，兩種感受，一個是嚴格，一個是溺愛。

　　其實一切自然就好，如果父母親能夠以身作則，能夠把自己照顧好，能夠把自己的本份做好，自然孩子就會看得清楚，只要讓他們看清楚父親和母親做事情的方法與態度，孩子就會懂得學習、模仿。

　　所以來到這裡，我們就是要學習與模仿，跟隨神明學習道理，就要懂得學習、模仿、奉獻、付出，而不是追求真真假假的靈通感受。」

　　師父教導我們，要我們學習、模仿，要我們自主啟動，自己做出選擇、承擔選擇，有所成就之後，找到了自己的信心和成長，自然會懂得感恩的心情，而能夠奉獻付出，為自己造福。

做父母的道理，也是相同。

父母總是要以身作則，先學會如何善待自己，平靜面對自己的過錯，珍惜自己的價值，適度的給予。自己快樂了，就有能力讓孩子快樂，並且教會孩子如何善待自己，如何鼓勵自己。

我們不是要控制孩子，而是要希望孩子早日的自主啟動，承擔自己的選擇，所以更需要適時的放手，鼓勵孩子承擔錯誤，而不是責怪他的錯誤，這也是師父教導我們的方法，總是耐心的引導，陪著我們一起調整，沒有責罵。

師父說：「如果是第一次做這件事，失敗是正常的。第二次如果也失敗，那也是自然的。但是如果失敗了第三次還不知道要改變，那就只好認命了。」

每一位做父母的，都是第一次，重要的不是自己做得好或不好，更重要的是，能夠在經驗裡學會調整做法，而不會一直在同樣的失敗經驗裡堅持自己、證明自己，不是用言語逼迫孩子承認錯誤，而是引導孩子找到對的方法。

不要和孩子拉扯對錯，先安好自己的心，給自己安心，也讓孩子安心。

我們都安了心之後，就能自然的引導孩子在家庭裡一同

學習、模仿，幫助他們學會感恩家庭的一切。這個家，是我們共同的家，要一起為家庭奉獻、付出，這就是以身作則的自然教導。

一日為師，終身為父，師父教導我們的心情也和父母相同。廟，是我們共同學習模仿的地方，因為有廟、有師父，我們才能學會如何照顧自己、照顧家庭，所以我們學習模仿，更懂得奉獻付出，這就是濟公道的信仰方法，一切都是實實在在的做人道理，沒有半點虛幻與神奇。

我們明白信仰的動機了嗎？

●奉獻的福德

在慈母與嚴父的故事裡，說明了父母的教導不是嚴格、也不是要慈祥，而是注重以身作則，凡事需要學習與模仿，在我們的廟裡，也是相同的觀念。

師父問：「說到我們的修道、學道，這其中沒有半點虛幻的事情，一切就是道理的學習與模仿，自己來奉獻、付出，不要在真真假假的靈通感受裡打轉。

就像我們如果要為廟裡付出心力做事、服務，為神明服務，要學習的是什麼呢？就是學習如何做福德，如何盡我自己的一份心力，如何依著神明的道理宗旨做事，凡事不要用

比較心、不要用計較心，一切盡自己的力量。

　　比方說，當我們的廟要舉辦大型慶典，師父的聖誕活動到了，當我們要讓門生們主動奉獻的時候，在這個時候，你遇到廟裡的好朋友，你知道他的經濟狀況不好，你會如何跟他說話呢？

　　思考動機，體會自己過往做起福德的感受，告訴他：『廟就是我們共同信仰的地方，是我們共同的興趣，師父的聖誕到了，你們多多奉獻。』

　　一句『多多奉獻』就足夠了，不必再多說什麼，要奉獻多少，他們可以自己決定，但是不能因為他們經濟不好，就阻擋了他們做福德的機會。『多多奉獻』，就是這麼一句話。

　　明白這個信念，在廟裡就不會有是非了，人在廟裡就是為了一個共同的興趣、共同的感受，這間廟才會興旺啊。

　　一間廟要興，是人要興，而不是神明興。

　　神明的真真假假不用注重，也不要談什麼感應，如果每個人都要談靈通感應，那到底要聽誰的靈通感應才對呢？

　　來到廟裡，就是共同的興趣，共同的奉獻付出，心中就會自然有快樂，所以，教導孩子也是相同的觀念，一切自然，不用掛心、不用折磨自己的心，只要我們自己做好了，孩子自然會跟著我們前進。

　　父母的福德做好了，上天自然會照顧我們的孩子，所以一切造化都在自己添福的心意之間。

　　我們花越大的力氣要去控制孩子，他們越是不受控制，以身作則，我們照顧好自己，把我們做的事情說給他們聽，讓他們明白我們的做起，明白我們的道理，自然孩子就會跟隨了，這就是宣傳。

　　凡事要懂得宣傳。」

　　我們的每一句開口，都會決定了福德的得與失，自己體會感受奉獻的福德，感受神明對自己的照顧、對家人的照顧，一切自己感恩、感受。

　　一句多多奉獻，不要阻擋了別人做福德的機會，這就是宣傳。

　　對孩子也要懂得宣傳，把我們做的事情說給他們聽，把我們的快樂說給他們聽，把我們的感受說給他們聽，讓他們有學習模仿的機會，讓他們自己決定要不要跟隨，如此，他們才會找到自己的人生。

　　幫助孩子為自己的人生作主，孩子就如同我們一樣，最重要的，是要學會如何為自己的人生作主。

●共同的興趣，沒有對立

師父說：「濟公道裡沒有對立，總是共同的興趣，所以沒有是非，這間廟不是你的，也不是我的，這間廟就是共同的興趣而來的，有共同興趣的人，就是一起來付出。每個人自己決定如何付出，自己感受體會，所以不需要互相比較、計較，對於廟的信仰，我們本來就要有份奉獻心，平時就要懂得『給』，給時間、給觀念、給用心，這就是我們的道理，而不是談人的靈感。

要學習濟公道，心就要懂得快樂。

就像故事裡的慈母和嚴父，神明要如何照顧你們呢？如果神明像嚴父一般，有的人會覺得神明沒有照顧自己，覺得神明不了解自己。

如果神明像慈母一樣照顧人們，如果每一個人都說：『神明這麼疼惜我們，不管我做錯什麼事情，神明都會原諒我。』

這時問題來了，神明會開口嗎？當然不會，只有透過代言人，代替神明開口，但是代言人說的話到底是真還是假呢？人們總是會問這個問題。

很簡單，神明透過代言人說出來的道理，聽不聽得懂，在生活上是不是實用，合不合理，如果道理聽得懂，那就繼續去聽、去學，這就是信仰的宗旨。

　　所以師父究竟是真還是假？

　　聽師父的道理啊，道理講出來，你們自己去感受，不需要爭論神明的真假問題，體會這樣的感受：

神明，是你的感受；

道理，是你的感覺；

實行，是你的體會。

　　一切自己說，不要道聽途說。」

　　廟與家，是相同的觀念。

　　在廟裡，大家因為共同的興趣，所以每個人都能各自為廟裡努力，自己奉獻付出，自己決定如何去做。

　　在家裡，凡事不需要用對立的態度處理，不需要每件事都要用父母的權威壓制孩子，不需要互相的對抗，

　　在家裡，也要建立共同的興趣，讓每個家人認同家裡的一份溫暖，我們多多的開口，溝通我們的觀念和感受。懷著耐心、愛心和包容，讓每一個家人可以自己作主，只要我們不斷的學習模仿、奉獻付出，體會感受，孩子們自然會跟隨父母的道路，家庭自然會有和諧的氣氛，自然會有幸福。

　　這就是我們學習濟公道的宗旨，我們對神明的感受，是在實行的體會之中，感覺到道理的實用與合用，所以對於神明的感受是因為有了自己的實行，真實而清楚。

　　一切自己作主，與神同行的感受，自己體會。

　　把這份感受，傳達給家人，自己宣傳。

　　自己的人生，自己做起。

【第四課】福報，自有安排

●濟公師父要過年

　　大年初一，門生們總會來到廟裡向師父拜年，師父於是應應景，說了一個過年的故事。

　　師父說：「你們來到廟裡，一定要知道什麼叫做奉獻付出，一個人如果總是在計較心和比較心之中打轉，這個人終究難有成就。

　　因為一間廟的開銷，都是用在眾人身上，至於廟裡的每一個人是不是要捐獻，那都是自悟自來，不需要別人去勉強。如果在經濟上有困難，那麼來到廟裡出人出力，也是很好的一件事情，不需要跟別人比較。

　　如果只因為自己沒有錢捐獻，捐的金額比不上別人，就不想來廟裡，這樣的想法，最後都無法有所成就。就像今天大年初一，你們來到這裡，有包紅包給師父也好，沒有包紅包也好，就是大家一起過年的快樂感受而已，來聽濟公師父過年的故事吧。

　　說到濟公師父啊，在過年的除夕那一天，一個人無依無

靠的，濟公師父自言自語的說：『別人都說過年人團圓，但是濟公師父我要去哪裡跟誰團圓呢？』

如果要去寺廟，感覺又不是太好，因為別人不會接受濟公師父的風格。找了幾個地方，濟公師父最後決定去找他的好朋友土地公，來到一間普通的土地公廟，坐在廟前準備跟土地公一起過年。

這時，剛好有一對夫妻帶著孩子來到廟裡，其中的少婦看到濟公師父，好心的問：『師父啊，您怎麼會一個人來到這裡，大過年的，怎麼沒有留在廟裡過年啊？』

濟公師父口氣有些無奈的說：『唉，說到寺廟，師父是沒辦法去啦，還是來跟土地公一起過年就好了。』

少婦說：『不然這樣好了，我這裡有一盤雞肉，就留在這裡，讓您跟土地公一起享用吧。』

這位少婦的無心之意，送了這隻雞給濟公師父，濟公師父會不會感恩呢？你們記得，濟公師父做的事情，從來不是為了感恩。』

濟公道裡，一切都是因緣，自己啟動了一個善的念頭，上天自然會安排一段善的因緣，一切都是自然而無所求的。

●一隻雞的緣分

師父說：「濟公師父這時說：『哎呀，妳送這隻雞，看起來是用水煮的，水煮的不好吃，師父喜歡的是紅燒雞呀。』

如果是你們聽了濟公師父的回答，你們會怎麼反應啊？送了一隻雞給別人吃，竟然還被別人嫌，你們的心情會是如何呢？一般人都會覺得生氣吧，但是這位少婦仍然好聲好氣的說：『師父啊，不然您初二再來這裡吧，我再幫您準備一隻燒雞。』原來的那一盤白斬雞還是留了下來。

濟公師父聽了非常開心：『好啊好啊，等妳喔。』

這時一旁有個孩子在放鞭炮，因為過年嘛，濟公師父說：『是誰在放炮啊？嚇了師父一大跳。』

一看是那個小孩子在放炮，濟公師父就輕手輕腳的走過去，拿了一串鞭炮，掛在孩子的背後，然後點著了鞭炮，這孩子被鞭炮炸得哭爹喊娘的，哭聲連連。孩子的父親聽到了哭聲，趕緊跑了出來，弄清了事情經過，他大罵道：「這位師父啊，你怎麼可以這樣欺負我兒子啊，還居然拿鞭炮炸他。」

濟公師父若無其事的說：「誰讓他沒事放鞭炮，嚇了我一大跳，我拿鞭炮炸他也是剛好而已啦。

既然是你的兒子，你也要好好的教他，不要讓他亂放鞭

炮，嚇到別人啊。」

　　這位父親非常的生氣，幾乎想要動手打濟公師父，原來他就是剛剛那位少婦的丈夫，少婦這時趕緊跑來打圓場。

　　她說：『真是不好意思，嚇到師父了，兒子啊，別怕別怕。』少婦一邊道歉，一邊耐心的安撫孩子。

　　丈夫憤怒的說：『叫他不要怕就沒事了嗎？他可是被鞭炮炸到了啊。』

　　少婦說：『哎呀，沒關係啦，這也是孩子先嚇到師父的啊，師父也不是故意的。』抱了抱孩子，就趕緊拉著生氣的丈夫走到一旁，還不忘向濟公師父再賠個不是。

　　夫妻兩人走到一旁之後，少婦就提到了初二要煮一隻燒雞給濟公師父的事情，如果你們是這個做丈夫的，你們會不會生氣啊？

　　好好的一隻白斬雞不吃，還要挑紅燒的，而且還放鞭炮欺負他的兒子，這個濟公師父怎麼可以這樣啊？你們說他會不會阻擋少婦煮紅燒雞啊？

　　結果啊，氣歸氣，這丈夫是個很疼老婆的人，所以他只是默默的不說話。

　　就在這時，不遠處的濟公師父正吃著白斬雞，吃著吃著，忽然很不高興的大罵：『哎！這雞肉怎麼難吃啊！！』

大老遠都能聽見濟公師父怒罵的聲音，越罵還越大聲。

　　丈夫聽到了，簡直要氣瘋了，少婦趕緊安慰說：『沒關係啦，不要跟師父計較，師父獨自一個人在土地公廟過年，也是有他的可憐之處，心裡一定有些創傷，我們就慈悲一點吧。』

　　一旁又有其他的村民來拜拜，好心的分了一些水果給濟公師父，濟公師父卻用帶點嫌棄的口吻說：『這麼差的水果，我才不吃。』

　　奇怪啊，今天這個濟公師父怎麼這麼奇怪，看到什麼就嫌什麼啊。」

　　如果我們是這位少婦的丈夫，我們會不會一樣生氣呢？我們是不是曾經在心裡數落過別人：『為什麼別人的行為這麼誇張？為什麼會做出這種事情呢？』

　　想一想那種氣憤的心情，是不是曾經出現在我們的生活之中？

　　記住這一個感受，繼續跟著故事往下走。

●過年吃粿，過年關

　　師父說：「又有一位村民，放了一份粿，要請濟公師父

吃，濟公師父又嫌了：『粿？？那是你們一般人吃的，師父是出家人，不能吃粿，出家人吃粿，就過不了關了。』（註：粿，台語發音跟『過』相同。）

這個濟公師父好像是專程來鬧的，但是他一邊吃著雞肉，桌上也是滿滿的食物，又有水果，又有年糕。

這時有個流浪漢，手上提著別人給他的五顆粽子來到這裡，想要拿來敬拜土地公。

如果你們是這個流浪漢，你們會把粽子分給師父嗎？

當然不會啊，濟公師父看到流浪漢就喊道：『喂～同鄉的啊，師父這裡有兩隻雞腿，跟你換兩顆粽子啦。

光是吃雞腿太無趣，師父這裡還有一壺酒，也跟你換一顆粽子，吃雞腿配酒才好吃啊，加上水果，再跟你換一顆粽子啦。』流浪漢很高興的答應了，於是給了濟公師父四顆粽子。

拿了四顆粽子還不夠，濟公師父又說：『師父再拿這裡的粿跟你換最後那顆粽子啦。』

流浪漢搖搖頭，想要留一顆粽子自己嚐嚐味道，濟公師父說：『哎呀，你吃了粽子，等一下會像粽子一樣被別人包起來，過年就要吃粿，你才會過運、也過這個年關啦。』

聽濟公師父這麼一說，流浪漢終於把最後一顆粽子給了

濟公師父，換了桌上的粿。

　　濟公師父於是拿著五顆粽子，離開了土地公廟。為什麼濟公師父要把滿桌的菜都換了粽子呢？等等就知道了。」

　　少婦的善心是自然的，善心就是善心，不會因為結果而改變，明白自己善的動機，就不會為了別人的一句話而改變最初的心情。

　　我做的善心，是因為我想要行善，與你無關、與他無關，因為這是我的選擇，這就是做自己。

　　為什麼濟公師父都要嫌棄別人送的東西呢？甚至故意欺負那個孩子呢？我們是用什麼心情在面對生活中類似的情境呢？一定難免會有情緒吧。

　　濟公師父讓流浪漢吃了粿，為的是讓流浪漢可以過關，一個小小細節，點明了濟公師父的動機，再讓我們繼續往下看吧。

●五顆粽子

　　師父接著說：「濟公師父搖啊晃啊，來到了一個員外的家，敲了敲門，於是員外開了門：『師父啊，您是來化緣的嗎？』

　　濟公師父說：『不是化緣啦，是來送這顆粽子給你，讓你過年包中啦，你過年做什麼事情都順順利利的啦，想什麼就有什麼啊。』

　　員外聽到包中，心裡真是萬般開心，所以他會拿什麼東西給濟公師父啊」

　　「所以你會準備什麼給濟公師父啊？」師父走到一位師兄面前，低頭問著師兄，大家笑了起來。

　　師兄想也不想：「當然是現金啊，打賞！」話說完就直奔打賞箱，一路伴隨著掌聲而去。

　　師父哈哈一笑說：「所以，員外包了好大一包的紅包給濟公師父，濟公師父就說了一句：『阿彌陀佛～。』

　　濟公師父只有看到紅包，才會阿彌陀佛啊，哈哈～。

　　濟公師父繼續走著，『叩叩叩！』濟公師父敲了門，門內傳來對一對老夫妻的聲音。

　　『是誰啊？有什麼事啊？』

　　『啊！是不是兒子回來團圓了啊？』

　　老先生開了門一看是濟公師父，有些落寞的說：『唉，原來是師父啊，我還以為是兒子回來了。』

　　濟公師父遞上一顆粽子，『這顆粽子送給你們，雖然兒子沒有回來陪伴你們，但是看看你們桌上滿滿的菜餚，兒子的心意也到了，這樣就好了，別傷心啊。

　　你們看這顆粽子，外面的米飯包著裡面的餡，你們的兒子就像這粒粒分明的米飯，那是粒粒皆辛苦啊，放開心吧。』老人家聽了師父的話，心裡感受到一些安慰，也包了一個紅包給濟公師父。

　　記得，如果老人家因為孩子無法回來過年，就要這樣安慰他們，孩子孝順的心意有盡到就好，就像粽子裡的米飯一樣，孩子在外地打拚也是粒粒皆辛苦啊。

　　濟公師父繼續往下走，聽到一對夫妻正在家裡吵架，於是上前去敲門，門開了之後，濟公師父說：『師父聽到你們在吵架，所以想要送你們一顆粽子，希望你們吃了這粒粽子，能夠化解你們口中的傷人之氣。

　　就讓師父用這粒粽子，跟你們換個一團和氣吧。』這對夫妻於是謝謝濟公師父，也給師父包了一個大紅包，濟公師父又往下一個地方出發。

　　『叩叩叩！』這次門開了之後，咦？濟公師父看到一大

間的屋子裡滿滿的都是人，真是子孫滿堂啊，孩子、孫子大概有個二三十人，有人熱情的喊著：『師父啊，要不要來跟我們一起過年啊？』

為什麼他會說這句話呢？

那就是因為他們心裡歡喜，因為一家團圓，自然想把歡喜的心情也分享給別人，這是自然的，與慈悲心無關。

濟公師父聽了，心裡也覺得歡喜，於是說：『師父這裡有一顆粽子，想要跟你們換子孫的延續，換一根青蔥，讓你們的子孫個個聰明伶俐。』

這家的主人聽了好開心啊，他說：『謝謝師父，不用換了啦，這個大紅包給師父過個好年啦。』濟公師父於是高高興興的離開了。」

五顆粽子，送出了四顆，結緣了四戶人家，剩下最後一顆粽子，會送給誰呢？

●冤家路窄

師父說：「濟公師父繼續走著，來到一戶人家，『叩叩叩！』沒有人應答，連續敲了兩次，終於有人來開門，是一個男人開的門。

　　『好啊！！又是你！可讓我等到你了，看我今天怎麼修理你！』這個男人一看到濟公師父就火冒三丈，舉起手就要打濟公師父，原來正是土地公廟前那個丈夫啊。

　　濟公師父連忙喊道：『等一下！如果你真的要打我，你就先把這顆粽子吃了再說吧。』

　　男人愣了一下，摸摸肚子說：『好吧，剛好肚子餓了，我就先吃肉粽，等等再來修理你。』

　　剛咬一口粽子，濟公師父說了：『唉，咬一口肉粽，吃到裡面的肉，就要知道什麼是心頭的那一塊肉，那就是你的心肝寶貝。

　　那天師父在他的背後放鞭炮，其實是幫他改了運，要不然，這孩子只顧著玩鞭炮，最後是會摔到廟旁的洞裡去的啊。』

　　男人聽了一想，對啊，土地公廟旁是有一個深不見底的大洞，他說：『師父啊～～，你這麼說，真的是～～～騙人的吧！話都是你自己講的！』男人居然還是放不下，顯然他心裡的氣還沒消。

　　男人咬了第二口粽子，濟公師父說：『如果你不相信的話，初二就來土地公廟見真章吧。』男人應了一聲好，初二一定去土地公廟找濟公師父。

　　男人咬了第三口粽子，濟公師父說：『欸～你老婆在叫你啊。』趁男人回頭的時候，濟公師父趕緊溜之大吉啊。

　　當然要溜啊，不然要傻傻留在那裡挨打嗎？」

●緣分天安排

　　師父說：「隔天，就是大年初一了，濟公師父坐在土地公廟裡喝酒配三層肉，一邊與人化緣，如果看到濟公師父這樣喝酒吃肉，你們會跟師父化緣嗎？當然不會，所以這一天都沒有人與濟公師父結緣。

　　到了大年初二這一天，這男人果然帶著一根棍子來到土地公廟，為什麼？因為濟公師父嫌白斬雞難吃、又用鞭炮作弄自己的心肝寶貝，準備來找濟公師父出氣。

　　少婦手上拿著紅燒雞，準備要送給濟公師父，他們的孩子遠遠看到濟公師父，卻是有點害怕，因為還記得上次被濟公師父欺負的經驗。

　　濟公師父倒是開朗的說：『哎呀，你們來了啊，紅燒雞先放桌上，我先走一步了。』看到男人的棍子，還是會怕的啊。

　　濟公師父轉身就跑，男人馬上追了上去，就在男人快要追上的時候，濟公師父忽然往下一捧，竟然掉進了廟旁的大

洞裡了。

男人嚇了一大跳，他也沒注意到大洞原來就在這麼近的地方，他走上前慌張的喊著：『師父啊，您到哪裡去了。

天啊～～～，師父竟然被我逼得掉進大洞裡了，師父啊！！我不是真的要打你啊，只是想要嚇你一下而已。』男人的口氣充滿了懊悔。

少婦也追了上來，她生氣的說：『你太過分了！你竟然把師父害死了！現在要怎麼辦啊？』少婦幾乎就要哭了出來，男人這時才明白，濟公師父說的話都是真的，如果那天不是濟公師父的幫忙，他的兒子真的有可能會摔進洞裡。

就在這個時候，洞裡一個聲音傳來：『別叫了啦，師父在這裡，幸好這裡有個土階，師父才沒有掉下去，趕快用你手上的棍子把師父拉上去啦。』原來濟公師父跳進了一個小小的山坳裡，可以讓濟公師父躲著，也沒讓男人看見。

男人趕緊把濟公師父拉了上來，他終於明白了濟公師父的用心，但是濟公師父為什麼要救孩子呢？就是因為少婦對濟公師父無心的奉獻，因為那是她自己做出來的福德。

如果濟公師父不挑剔那隻白斬雞，少婦的家就不成家了，因為她將會失去她的兒子。

為什麼一定要讓少婦再奉獻一隻紅燒雞呢？

　　因為有了這隻紅燒雞，男人才會明白濟公師父的用意，日後對孩子才會用心教導，不至於溺愛孩子，這個家才會成為一個更好的家啊，也因為這一次的經驗，男人明白了自己的衝動，差點鑄成了大錯，從此開始跟隨濟公師父修行、行善。

　　濟公師父悠悠哉哉的吃著這隻紅燒雞，越吃越好吃，男人在一旁服侍著：『師父啊，這隻雞翅好吃啊，先吃雞翅吧，讓我幫師父剝雞腿肉，讓師父好入口……。』

　　為什麼這男人的轉變這麼大呢？因為一個人要是沒有經歷苦痛，就不會明白其中的感受。

　　這個少婦抱著一顆虔誠的心，她看到師父就知道要拜，自然奉獻了一隻雞，也自然無心的救回了自己的兒子。

　　這個故事就在告訴你們，遇到濟公師父，就是自由自在，不需要想太多，只要自然的奉獻付出，濟公師父做的一切，自有濟公師父的安排之心，一切都是有所安排啊。」

　　還記得男子最初的憤怒心情嗎？

　　我們在生活之中，常常有看不順眼的事情，大至國家大事，小至左鄰右舍的八卦消息，我們的衝動會讓我們失去了自己的口德，讓我們失去了善緣，這是我們要修心的功課。

相信濟公師父的安排之心，安心的跟隨，緣分自然會有上天安排。

●所謂的天德

師父說：「雖然，你們在這裡奉獻了許多的金錢與心力，你們得到了什麼？你們得到了做人處世的功夫，就像是你們對人說話的軟Q與堅強，這樣的功夫是你們用金錢買來的嗎？

當然不是。

這是用你們的功德心，把你們所做的功德換做天德的時候，自然得到的，這樣的功德是無上無量的，那並不是神佛給你們的，也不是上天賜給你們的。

所謂的天德，是自然的，無論你們走到哪裡，都是自然會有財氣、自然會有運氣，有求必應，這就叫做天德。就好像故事裡的少婦，她自然的功德心，她的福氣也是自然而來的，她的家也因為她的功德心、因為濟公師父，自然有了改變。

所以，這就是完全不一樣的心態和感受，你們就要有不同的感覺。」

　　天德，是因為我們自然的做起，我們每一天的學習、模仿、奉獻與付出，都在無形之中，自然的累積，所謂天德，是自然而來的，不必求，也無法可求。

【第五課】存善心，說好話

在我們的身邊總會有一些心直口快的朋友，或者我們自己也會有一句話說得太快的時候，一句話到底要怎麼講，才不會惹人嫌呢？接下來的故事主角阿賢就是所謂的心直口快，或者說是直腸子的代表，總是語不驚人死不休，接著讓我們來聽阿賢的故事吧。

●惹人嫌的阿賢

師父說：「上次我們講到阿蘭看狗回俗的故事裡（註：參看《故事禪：善待自己的一條路》，288頁），有一個人跟阿狗說，廚房大灶的煙囪不能做直的，否則明天會發生火災，這一句話讓阿狗覺得這人是在觸他的霉頭，阿狗一氣之下就把這個人趕了出去。

這個人的名字就叫做阿賢，村民之中只有他被趕了出來，他只好一個人在路邊悶悶的走著，濟公師父這時經過問他：『阿賢啊，你怎麼一個人在這裡啊。』阿賢說：『師父啊，我覺得好奇怪啊，每次我好心給別人一些忠告，結果別人都不接受我的意見，就像阿狗員外家的煙囪不改彎的話，真的

是會引起火災啊，他卻說我在詛咒他，還把我趕了出來，害我的心情好差、好委屈。你看前面這戶養鵝人家，他們家的水池這麼小，卻養了這麼多隻鵝，這樣子不好啊。』

話才剛說完，他就走上前去，對著養鵝人家的主人喊說：『我說啊，你們家地這麼小，卻養了這麼多隻鵝，這樣明天牠們很容易生病、死光光啊，要小心啊。』

那主人氣得說：『什麼！！我這麼多鵝終於養大了，明天一早就要載出去賣，你居然說牠們會死光光！！』主人氣得拿起了鋤頭要把阿賢打一頓，還好阿賢跑得快，濟公師父也只好跟著阿賢一起跑，跑得是上氣不接下氣，真是倒楣。

阿賢又抱怨了：『師父啊，你看看，我明明講的都是重點，為什麼他們都要打我呢？』

濟公師父聽了，也只能無奈的直搖頭。

阿賢又拉著濟公師父找了一間麵攤吃麵，才剛剛坐下，阿賢又說了：『師父啊，我跟你說，你看這裡蒼蠅這麼多，這間麵攤一定不好吃啊。』

濟公師父說：『那要怎麼辦呢？師父肚子餓了啊。』

阿賢說：『我知道附近有另外一間麵店好吃，我帶師父去。』就拉著濟公師父離開了。

才剛剛離開麵店，阿賢說：『師父啊，我這次學乖了，沒有跑去跟老闆說他店裡的蒼蠅太多哦。』濟公師父只是一臉苦笑，不知道說什麼好。

走沒多遠，來到了另一間麵店，拉著濟公師父坐下後，阿賢說：『師父啊，這間店的東西很好吃，麵的湯頭是用豬大骨熬出來的清甜，沒有放味素，師父你吃看看，真的好吃啊。』

麵送來後，濟公師父吃了幾口麵，喝了一口湯，誇獎這湯頭的確不錯。

阿賢這時得意的說：『對吧，這家店的湯頭喝起來真的很甜，就好像加了味素一樣的甜。』

這句話剛好被麵店老闆聽到，老闆氣得罵他：『喂！！你在說什麼味素，我們店裡的湯頭哪裡有加味素啊，你這是要拆我的招牌嗎？』一邊說一邊挽起袖子，做勢要打人的樣子。

濟公師父趕緊幫忙打圓場說：『哎呀，老闆你誤會了，他是說你們的湯頭都是用豬大骨下去熬的，所以你們的湯頭清甜，比加了味素的湯頭還好喝啊。』聽到最後這一句話，老闆這才覺得釋懷，還特地送上一盤小菜招待濟公師父。

濟公師父對阿賢說：『哎呀，我說阿賢啊，跟你在一起

好危險啊，三不五時就可能會被人打。』

　　阿賢說：『哎呀，我也不知道是怎麼回事，我明明是一片好心啊，同樣在誇獎湯頭好喝，為什麼我講就會被打，師父講的話，卻可以讓老闆送您一盤小菜，這到底是為什麼啊？』

　　阿賢說的話，其實都沒有錯，但是他講話的方式就不懂得用字的輕重，明明是同一件事，為什麼濟公師父與阿賢說出來的話，卻會得到完全不同的結果？這就是說一句好話的分別。

　　濟公師父說：『吃完飯了，師父我要找地方過夜。』

　　阿賢說：『對了，師父啊，您今晚有沒有地方住啊？如果找不到地方住，可以來我家過夜，雖然您無依無靠，像是乞丐一樣，沒有關係啦，我們家不會嫌棄的啦。』

　　濟公師父聽了，沒好氣的回答說：『什麼無依無靠，師父是自由自在啊，還說師父像乞丐，你到底懂不懂得說話啊？難道師父還要擔心被你嫌棄，擔心沒有地方睡嗎？哎呀，好啦，就去你家吧。』濟公師父也懶得跟他計較，就這麼跟著阿賢回家去了。

　　回到家裡，阿賢又說了：『師父啊，我們家很簡陋，雖

然沒有像豬圈那麼糟糕，也沒有像豬圈那麼臭啦，師父您就將就一點吧。然後跟師父介紹一下，我家的「柴耙」啊。』」

（【台語教室】柴耙：用木材做成抓癢的耙子，也用來形容很凶的女人，而且通常是用來罵人，是很不文雅的一種說法，大家千萬別學啊。）

聽到這裡，聽故事的人們都笑得東倒西歪，這個阿賢講的話，真的是沒有一句話能聽的。

●濟公師父的心思

師父說：「阿賢喊道：『柴耙啊，濟公師父來了，趕快煮個便菜招待師父吃啊。把昨天晚上沒吃完的隔夜菜熱一下，還有昨晚的剩飯也拿去熬個粥給師父吃吧。』濟公師父在一旁聽得傻了眼。

這個阿賢啊，講話就是這個樣子，但是說實在的，他的做事態度是相當的認真。他是一個專門製造機器工具的師傅，做出來的工具尺寸是分毫不差，但是呢，別人做一件工具只要三天，他卻要花上一個月。

所以，雖然阿賢做的工具品質好，客人也讚賞，但是做得太慢也賺不了多少錢，只能剛好勉強足夠家用而已。

阿賢的老婆這時過來了，她說：『師父啊，我等一下把

剩菜剩飯熱一下，還有啊，我昨天撿了一顆蛋，這顆蛋好像是放了很久也沒人撿它，我看應該還能吃，我等等煮給師父吃啊。』這個老婆講的話，居然跟阿賢一個調調，其實這蛋只要沒壞能吃就好，又何必把蛋形容得這麼糟糕啊？濟公師父來到這對夫妻家裡，也是無計可施啊，只能無奈的笑一笑啊。

　　濟公師父一邊吃著飯菜，一邊想著：『哎呀，先過一晚再說吧，阿賢這對夫妻，要是不讓他們改變，這一輩子就難有出頭的日子啊。』你們有沒有看到，濟公師父是怎麼照顧人心的呢？雖然別人說話不好聽，濟公師父還是一樣的熱情、樂心，一樣用愛心想著如何照顧別人，這就是濟公師父助人的動機。

　　濟公師父上床後，一邊睡一邊想著要怎麼改變阿賢，這時阿賢又來喊道：『師父啊，如果你內急的話，屋後豬圈旁的垃圾堆可以讓您方便啦，反正一樣臭啦，直接在那裡方便就可以了。』

　　濟公師父聽不下去了，就說：『好啦好啦！你別再說了啦～』濟公師父實在是拿他沒輒啊。」

　　雖然阿賢這麼不懂得說話，濟公師父一直都是笑笑帶過，沒有因為耳朵輕而改變了對阿賢的看法，更沒有責備阿

賢，濟公師父知道阿賢的好意和耿直，仍然想著要幫助阿
賢。

　　仔細聽聽身旁的人是如何說話的，我們身邊是不是也有
著許多的「阿賢」呢？我們是不是用他們說的話去判斷這個
人的好壞呢？會不會因為這樣而疏遠了一些心直口快的善人
呢？我們能夠在他們的話語中，看清楚他們的好意與動機
嗎？能不能多一份耐心和愛心呢？

　　我們自己是不是也有像「阿賢」的時候呢？
　　「哎呀，不好意思啦，我這個禮物也不是什麼好東西
啦，就是隨便買來送你的，你不要見怪啊。」
　　有時因為「客氣」，而習慣說話貶低自己，反而讓別人
感受不到我們的熱情和誠意，明明送禮是件好事，為什麼反
而因此說話拉遠了彼此的距離呢？
　　「這個禮物是我專程跑了好幾間店，為你挑選的，希望
你會喜歡。」站在對方的角度，把自己的熱情和價值表達出
來，這時的捧高自己，也等於在捧高對方，給別人的感受是
不是就不一樣了呢？
　　說一句好話，讓別人開心，那是一種貼心，那是為了與
別人的心意相通，為了讓事情可以更順利的完成，那不是虛

偽，也不是為了私利的巴結，

　　那是為了要圓一份緣，為了要廣結善緣，然後能夠幫助更多的人，就像濟公師父幫助阿賢一樣，既然存了一份善心，更要說一句好話，讓這份善心可以傳達真正的善意，別要白費了自己的一番好心。

●不要把自己的道理用在別人身上

　　學道理，是為了用來對付自己的個性，好改變別人對待我們的態度，如果用在錯誤的地方，就會造成錯誤的結果。

　　師父繼續說：「隔天一大早，阿賢就問他的妻子，早餐準備了什麼要給師父吃。他的妻子想了想，說：『我聽人家說啊，早餐一定要吃點東西，尤其是喝尿啊，就是尿療法啊。師父啊，我們家阿賢已經喝了大半年了，效果不錯啊，不然等等師父您也喝看看，對身體健康不錯啊。』

　　濟公師父聽了，頭都昏了，他們自己的養身方法，也不問問別人是不是能夠接受，就要讓別人喝尿，這實在是太誇張了。

　　阿賢馬上接話說：『哎呀，妳怎麼這麼說話呢？這也太失禮了吧。』總算阿賢要說句公道話了。

阿賢卻說：『我的尿自己都喝不夠了，居然叫我分給師父喝，這樣不行啦，師父啊，我這裡有尿壺，您可以用來自己方便啊。』

這一對夫妻啊，是不是很可愛啊，你們看濟公師父也沒有說什麼，一世英明的師父竟然會遇到這樣的事情，真是無奈啊。」

所以，不要把自己的道理用在別人身上，因為別人未必需要，也許時機未到，也許是我們還沒有足夠的體會，還不明白如何用行動去改變別人的態度。

關鍵仍是在於，我們將要如何與自己對話，要如何開導自己的心，我們學習道理，究竟是為了什麼呢？我們需要不斷與自己對話，有一天，我們將能夠啟動自己的改變，看見自己的改變。

●初學者的「退步」

師父繼續接著說故事：「阿賢在每一天的早上，都會習慣去幾個地方走走，這一次濟公師父也跟著去了，走著走著，阿賢問：『師父啊，外面的人看到我都沒有好臉色，也不喜歡跟我說話，只有我老婆最支持我，還會叫我一聲帥

哥，這是為什麼啊？』

　　濟公師父笑了笑，便說：『你看啊，前面有一個美女，你說說看，這個美女全身上下什麼地方好看？』

　　阿賢打量了半天，說：『師父啊，你看她的屁股這麼大，這走起路來左搖右晃的，特別好看啊。』

　　你們聽看看，如果你是女生，聽到阿賢這麼誇獎會開心嗎？誰喜歡被人家說屁股大啊？阿賢的說話就是這麼憨直。

　　濟公師父搖了搖頭，說：『阿賢啊，師父教你怎麼說話吧，日後如果你要開口之前，先想一想，把你覺得不好的事情，都往好處去講，如果是你覺得好的地方，就說成不好的。就像你剛剛形容那個女生的話，屁股大的這句話就別說了，只要說她走路很好看就夠了，來，再說一次給師父聽。』

　　阿賢搔了搔頭，說：『這位姑娘走起路來，真是好看啊。但是啊……但是她的褲子太過大件了。』

　　濟公師父當下真想挖個洞躲起來啊，所以要改變一個人的個性真的有這麼困難嗎？真的是很困難，你們看阿賢有沒有改變呢？

　　有啊，他的確試著把壞話轉為好話，但是改了之後，比沒有改還糟糕。」

　　每一件事情的學習，通常都是從最簡單的表面工夫開始做起的。就像練習說話這件事情，剛開始一定會講錯話，因為習性還沒來得及改過來，心裡的想法還沒有調整好，難免還是可能說錯。但是只有放膽開口了，才有機會發現心裡的想法在哪裡需要調整。

　　這就是初學者的「退步」。看起來雖然像是退步，其實他的經驗、能力已經開始增長了，只要他能夠堅持下去，他的經驗、想法就會開始累積、成長，遠比「不敢開口」要好得許多啊。

【第六課】停頓一下，思慮更周到

●眼見不一定為憑

師父繼續說上一課阿賢的故事：「濟公師父的心裡有了盤算，帶著阿賢去到一個地方，那裡有一對夫妻坐在屋裡。

濟公師父說：『你在這裡看著這對夫妻，你仔細的看看，這個妻子長得這麼胖，為什麼她的丈夫會這麼愛她呢？你注意看，等等你就會明白為什麼了，師父先去買一瓶酒和一隻燒雞，等一下可以一起喝酒吃肉哦。』說完，濟公師父就先離開了。

因為濟公師父交代了，阿賢就獨自坐著，特別仔細的觀察這一對夫妻有什麼不同。

說到這對夫妻，這位妻子不只是身材胖，而且還相當有力氣，幾乎所有的家事都是她一個人做完了，阿賢看到這位丈夫只是出一張嘴，坐在一旁指揮著老婆做事情。

阿賢是越看越不順眼，開始碎碎唸了起來：『這個男人比我還不行啊，他怎麼每一件事都叫老婆做，難道他娶老婆是為了把她當佣人使喚嗎？』

阿賢越唸越生氣，差一點就要起身大罵這個男人一點男

子氣概也沒有，就在他想要站起來的時候，他看到了讓人驚訝的一幕。

　　阿賢看到，這老公很吃力的站了起來，他想要幫老婆搬東西，但是老婆連忙扶住他，讓他回椅子上坐好，她很溫柔的抱了抱老公，她說：『這些事情我來做就好了，你的病還沒好，還是好好的休息吧。』

　　阿賢又繼續聽著兩位的對話，他終於明白，在過去都是老公辛苦工作照顧妻子，也因為工作太過辛勞，所以已經生病了很長一段日子，現在就換妻子用心的照顧老公。

　　『原來這對夫妻背後的故事是如此啊！』阿賢這才明白，雖然人們都說眼見為憑，但是，世上有許多事情的真相，都不是自己眼睛看見的，更不是我們以為的樣子啊。

　　我們看見的，只是真相的一部分；人們嘴巴講出來的，也不會是真相的全部；在世事的背後，有著太多太多的不知道、更有太多太多的不明白，所以我們如何能夠任意的開口批評別人、評論事情呢？。

　　要不是濟公師父特別交代阿賢要仔細的看，他也不會看到這不為人知的另一面。

　　阿賢長長的嘆了一口氣說：『哎呀，原來如此，以後我不管做什麼事情、不管要說什麼話之前，我都要先停頓一

下，要讓自己先想一下再開口。』這也就是台語說的『頓道』啊。」

●頓道的用意

師父說：「過了一會兒，濟公師父回來了，阿賢看到師父手上只拿了一隻雞腿、半瓶的酒，如果照阿賢本來的個性，他一定會馬上抱怨，為什麼師父沒有照約定帶一整隻雞、一瓶酒回來，但是這時的阿賢已經學會『頓道』了，他決定先聽聽看師父怎麼說。

濟公師父說：『阿賢啊，真不巧，燒雞被別的客人買光了，只剩下一隻雞腿；這瓶酒呢，因為師父口渴，一時想喝酒，就先喝了半瓶，你就將就著陪師父喝一杯吧。』於是兩人很高興的享受了雞腿和燒酒。

你們看，阿賢現在學會了，什麼事情都要先『頓道』一下。停一下，想一下，做事的感受就完全不一樣了。

在阿賢和濟公師父開心的吃肉喝酒之後，他們準備回家，在路上看到了兩隻狗，正在行周公之禮，阿賢看到了，就跟濟公師父說：『師父啊，如果是以前的我，我一定會因為看不順眼，一腳把牠們踢開，但是我現在懂了，牠們這樣自自然然的天性，也是很好啊，我們就安安靜靜的從旁邊走

過就好了。』濟公師父笑了一笑，心想，阿賢真的改變了哦。

回到家，阿賢就喊著：『水某啊，今天師父請我吃了一頓飯，我也要招待師父啊，妳準備一下。那隻養了一年的雞太老了，怕師父的牙齒咬不動，那隻六個月大的雞，肉比較嫩，比較好入口，就抓那一隻雞給師父吃吧。』

你們想，阿賢的老婆會怎麼回答呢？

老婆這時回答說：『對啦，六個月大的雞肉比較嫩，也比較好吃，我這就去準備。師父啊，您的牙齒這麼不好喔？還是乾脆別吃了呢？』

濟公師父卻說：『誰說師父牙齒不好啊，師父的牙齒硬得很！』

阿賢趕緊接話說：『哎呀，水某啊，我的意思是說，師父的牙齒吃嫩一點的雞肉比較好吃啊；而且那隻老母雞也比較難煮，我不想讓妳太辛苦，所以妳還是趕快去抓六個月大的雞給師父吃吧。』

聽到阿賢這麼說話，濟公師父是不是很高興呢？阿賢有沒有改變呢？當然有啊。

以前的阿賢，凡事都堅持自己的意見，想到什麼就說什麼，無論做什麼事，都堅持照著原本的方法、想法去做，也不去思考是否有不一樣的方法。

　　現在的阿賢改變了，他懂得『頓道』了，懂得多想一下。他發現，原來事情可以用不一樣的方法處理，以前做個工具，別人要三天，他要花一個月，現在呢，他居然只要一天就完成了。

　　因為他本來就是做事認真的人，當他不再堅持舊有的方法，他就能夠想到，可以如何藉由工具加快工作的效率，後來他的生意越來越好，收入也越來越多。因為阿賢的改變，他的老婆也慢慢和以前不一樣了，她也學會了『頓道』，兩個人的生活更是和以前大不相同。

　　這個故事就是要告訴你們，不管做什麼事情，都要懂得『頓道』，凡事不要急著表現、不要急著說話，先要看清楚局勢，想清楚布局。如果有一些話不吐不快，就要知道，一句話吐得越快，我們也會受傷得越快。

　　你們看啊，在這個故事裡，濟公師父雖然神通廣大，但是遇到一個白目的人，也是同樣無計可施、無話可說，更是沒有辦法可以教導他，終究只能透過緣分的安排，引導他自己開悟、想通。」

　　緣分其實沒有善、惡，更沒有好壞的分別。上天安排的每一段緣分，自然有其用意，只要我們願意接受眼前的緣

分，引導自己想開、想通，於是每一個緣分，都會是善緣。當我們遇到障礙、困難的時候，也許那就是一個提升能力、變得堅強的機會來到了。

　　要常常注意心中當下的想法是什麼，在聽到什麼、在看到什麼的時候，注意每一個「不順眼」的情緒，在準備說話的時候，讓自己停頓一下。先在心裡聽聽看，自己下一句話想要說些什麼；看看眼前的人，想看看，我們應該說什麼樣的話，才能圓滿我們的動機。

　　這就是「頓道」的意義，要修口與修心的停、看、聽。

●書寫的能力

　　師父說：「在故事裡，阿賢明明是一個觀察入微的人，能夠看到一些很好的重點，為什麼他的表達能力就是無法婉轉表達、就是無法布局呢？

　　這是因為他沒有書寫的能力。

　　師父教你們練習書寫，是為了練習布局、規劃的表達能力。在寫的時候，如果遇到不會寫的地方，就知道要再學習、要更了解事情的來龍去脈，就會更加明白事情的邏輯，也能進一步的思考日後應該如何說話。

　　書寫，就是練習思維、布局的邏輯，有了邏輯，就會更

懂得如何開口。

如果沒有足夠的書寫練習，如果沒辦法讓自己的想法融會貫通，自己的說話就不容易講得通順。就像你們書寫一篇文章，有時需要一杯咖啡醞釀情緒，或者需要一個舒服的地方，需要一個情境和氣氛，你們才能夠靜下心來規劃如何做事情。

問題是，在你們與別人說話的時候，情緒能夠醞釀嗎？說話的內容可以讓你規劃嗎？當然不可能讓你時時有機會規劃，遇到突發的狀況時，你們要怎麼辦呢？

所以記得要每一天練習書寫，每一天累積自己的邏輯，有了邏輯，才能夠對應改變。」

書寫，就等於另一種「頓道」的方法，有更多的時間可以把資訊收集完整，把思緒整理清晰。一開始也許只是一句話、一句話的整理，寫久了，自然就知道怎麼起承轉合，明白如何布局自己表達的邏輯。

就像是做業務的人，如果想要提升自己的說話，就要每天寫筆記，把今天和客人的對話寫下來，然後想想看，能不能講得更好，客人問到什麼問題，應該怎麼說話，要如何得體的應答，多多的練習，慢慢的改變。

每寫一篇筆記，就是為自己加上一分，那就是為自己增添一份修行，就可以為自己快樂，因為我們又前進了一步。

師父說：「像是阿賢這樣的人，只要懂得方法，一樣可以讓他成為得力的助手。所以，要知道如何挽人心啊。」

像阿賢這樣的人，工作能力強，但是應對不好，遇到這樣的人，如果只是不斷責怪他不會說話，這樣是無法改變他的，只會更加打擊了他的信心。

所以要教導他用書面訓練，教導他為自己用上加法，每天讓他書寫自己的想法和改善方法，讓他在書寫中練習思考。

只要明白動機，無論我們扮演的是濟公師父或是阿賢的角色，都能夠在快樂中讓自己進步，因為我們已經學會了方法，剩下的就是啟動自己的實行與體會。

●練習書面的溝通

師父說：「當下屬犯錯的時候，不需要發火，在這個時候，只需要交代下屬寫一份『書面』報告，讓他可以有時間好好的把前因後果交代清楚，也讓我們有個緩和的時間，平靜心情，可以耐心去了解，為什麼會發生這樣的事情。

　　一個有經驗的主管，一定能在報告中看到問題出在哪裡，然後能夠好好的指導、教導下屬應該怎麼做事情。

　　你們要明白，一個有能力的下屬，是有自尊心的，當他犯了錯，他的心裡也會愧疚不安，他會自責為什麼這一件事情做不好，為什麼會造成主管的困擾。

　　所以啊，不需要用罵的，只需要讓下屬用『書面』報告說明就夠了。

　　書面報告，是最好的溝通，不管是教導下屬，或者是要面對自己的長官，都是如此。

　　好比說，如果你們協調事情的時候，當你叫不動別人做事，不需要生氣，也不需要打小報告，你只需要承擔起責任，然後寫一份書面報告。把自己的邏輯想清楚，把每一個合作的成員該做的事情交代清楚，用你自己的專業意見，說明每一個人的事情應該要如何做，不需要動氣，只要書面報告寫得客觀完整，長官自然會有判斷，也不會得罪別人。

　　一個人就算辦事能力再強、就算他的口才再好，如果沒有辦法完完整整的把想法寫出來，那就表示他的邏輯是有問題的，也表示他的能力需要再加強。

　　不管做任何事情，自己的邏輯要思考清楚，在解決問題時，不是要批評別人，而是要客觀的分析，指出問題的起源

在哪裡，是自己什麼地方沒有注意到，或者是別人的某個細節可以改善做法，又或者是需要什麼單位的幫助，日後才能夠避免同樣的問題再次發生。

如果今天寫得出來，那就代表未來的邏輯性、思考的細節會比今天更好，思慮更加周全，邏輯也會更加清晰。

要練習書面報告，可以從練習寫日記開始，懂得方法寫日記的人，他的邏輯是清楚的，他的工作能力也一定會比別人更強，許多成功的人都有寫日記的習慣。

書面報告，是用來表達自我、用來溝通，而不是用來攻擊別人。

所以，做為一個領導者，要學會分別，不可以耳朵輕（註：台語，指人耳根軟，容易聽信人言），不要因為別人的一句話，就改變了對下屬的看法或態度。教導下屬用書面表達意見，下屬的想法才能更完整的清楚表達，彼此的溝通才會更加深入，你的下屬也會更願意為你效犬馬之勞。」

說一句話容易，說完就沒了痕跡，說完可能就忘了。有時我們連自己說過什麼，都可能會完全忘記。

如果用白紙黑字寫下來，那就有機會面對自己的錯誤，所以透過書面練習，就能夠真實面對自己的想法、整理自己

的想法，訓練自己的邏輯思維，更能夠練習如何好好的與人溝通。

　　書面寫得順手了，說出來的話語，自然就會更有邏輯。

【第七課】跳脫自我的設限

●小廟與大佛

　　師父說：「有一間破舊的寺廟，廟裡有一座大佛，住持想要修復這座大佛，但是他需要一百兩，廟裡卻沒有錢，雖然想要募款，但是人們嫌這間廟又髒又黑的，捐了錢也怕會出問題，所以總是募不到錢。這間廟的神明靈感嗎？如果真是靈感的話，這間廟也不至於會變成這個樣子；如果廟裡的和尚能夠講經說道，照理說，廟裡也應該有許多的信眾，為什麼現在一個人也沒有呢？

　　廟裡的住持帶了幾個和尚在唸經，他們認真的唸經、唸佛，但是廟裡卻募不到一文錢，在這個時候，濟公師父來了。濟公師父告訴住持：『你去找那位有名的雕刻大師，請他雕這一尊大佛，我保證讓你不花一分錢，就能夠成就這尊大佛。』

　　住持半信半疑，怎麼可能不用花錢呢？要知道，當時的一百兩銀子，幾乎就是現在的一千萬，見到住持滿臉的懷疑，濟公師父於是一字一句的教他怎麼說服那位大師。

　　住持真的去了，他對大師說：『濟公師父要我來告訴你，

請你雕刻一尊大佛，到時如果完成了，就付你一百兩銀子。但是啊，如果你沒有做好，如果有被我們找出問題，你就不能收這一百兩銀子哦，這尊佛像就要免費送給我們了。』

聽到這個條件，大師毫不猶豫的說：『我雕刻的佛像不可能會有問題，每一個看過佛像的人都只有稱讚，沒有第二句話，這個條件我答應你，但是啊，如果你們沒有找出問題，你們就要多給我五十兩，總共是一百五十兩銀子！』

住持聽了，整個人都傻了，這時濟公師父也來了，他說：『好！就照你說的，如果我沒有找到問題，我就給你一百五十兩銀子。』

口說無憑，濟公師父於是找了村子裡的一位員外做保證人，員外特別來蓋了印章保證，於是大師開始了雕刻的工作。

半年後大佛順利刻好了，也完成了安座的儀式，雖然廟裡仍然是破破爛爛的樣子，大師也不管，他對住持說：『住持啊，你去找人來檢查這尊大佛，如果找不出問題來，你就要付我一百五十兩！』

住持於是找了村子裡最有學問、受人敬重的學者來看這座大佛，他們看了之後，都說這大佛雕得好，真是優秀。

住持又找了當地的有錢人、仕紳來看，他們看了大佛，

他們也說沒有問題。

　　這些有地位、有實力的人都說大佛好，如果你是住持，你會不會緊張呢？住持想到自己身上一毛錢也沒有，他回想當初，為什麼自己會傻傻的聽信了濟公師父這個江湖術士的話呢？現在要怎麼辦呢？

　　大師說：『你可要準備付錢了，要不然就去告訴那位員外，我準備要跟他算這筆帳了。』

　　濟公師父這時來了，他說：『不要緊，你再等我三天的時間，我找全村的村民都來看，一定可以找出問題來。』

　　大師根本不擔心，就要濟公師父把村裡的七、八百人都找來，結果，每一個人看了之後，果然都誇獎這尊大佛雕得好，沒有一個不誇獎的，這時的住持又是什麼心情呢？如果你是住持的話，你又會是什麼樣的心情呢？會不會後悔當初聽信了濟公師父的話呢？」

　　所謂三人成虎，當一個人這麼說，也許我們的心還不會動搖，但是兩個人、三個人，到最後的這八百個人都這麼說的時候，當事情結局不是自己能夠控制的時候，我們對於當初的選擇，能不能夠安下心來，耐心的等待呢？時到時擔當，沒有米的話，那就煮蕃薯湯囉，這就是懂得承擔的心。

如果不能安自己的心，住持又要如何安信眾的心呢？

●等待自有天明

故事繼續：「本來在第三天一大早約好八點要跟大師見面的，結果濟公師父六點鐘就來了，才剛到就馬上找了住持：『喂喂～有沒有早餐可以吃啊？』

如果你是住持，你還有心情請濟公師父吃早餐嗎？沒有罵他就不錯了，還想要請他吃早餐？住持一開口就說：『你要是找不出佛像的問題來，要我上哪裡找那一百五十兩銀子啊？』

濟公師父悠哉的說：『不用煩惱啦，你這裡有沒有酒啊？』

住持氣得不知道怎麼說：『我這間廟窮成這樣了，哪裡來的酒啊？出家人哪裡會喝酒呢？』

濟公師父說：『那～有沒有饅頭啊？不然拿一顆來吃嘛。』

住持生氣的說：『有啦，有兩顆，不給你吃啦。』

雖然住持這麼生氣，濟公師父還是死纏爛打的討饅頭，住持實在拿他沒有辦法，後來想想，反正怎麼樣也是死路一條，就把饅頭端了出來。

　　濟公師父也不客氣，拿了一顆吃完之後還覺得不夠，順手就把第二顆也一起吃掉了。你們看這個濟公師父為什麼要這樣做呢？為什麼一定要來討這兩顆饅頭呢？這個住持會不會跑路呢？這座大佛明明看起來那麼完美無缺，為什麼濟公師父還是老神在在的樣子呢？

　　你們要知道，師父是不說鬼神的，師父講的都是根基，這些話語都是為了個人的啟發。

　　八點一到，大師意氣風發的準時到來，他非常的高興，因為全村的人都來了，他感覺今天非常有面子，他對濟公師父說：『你是最後一個人了，你說吧，在這座大佛身上，你有看到什麼問題嗎？』

　　濟公師父緩緩的說：『這座大佛啊，乍看之下確實非常的好看，從頭到尾都是雕工精細，但是有一個問題，這大佛的手刻得太大了！』眾人聽了，七嘴八舌的討論了起來。

　　濟公師父接著說：『你看看，以這大佛雙手的大小，挖不了鼻孔，所以我說這雙手刻得太大了，這就是你的缺失，比例不對！』眾人一看，果然大佛的手和鼻孔的大小相差得太多，絕對是挖不了鼻孔的啊，紛紛點頭稱是，大家都認同了濟公師父說的話。

　　大師聽了這話，馬上跪了下去，決定拜濟公師父為師，

因為他這一輩子都不曾這樣敗過，就因為濟公師父這一句話，他立刻知道這是自己的敗筆，為了讓大佛看起來大方好看，他一直都習慣刻意加大了雙手的比例。

大師認輸了，這一百五十兩也就不用出了，這一間名不見經傳的小廟，竟然能夠不花一文錢，就讓這位大師為他們雕出這一座莊嚴的大佛，這一件事馬上就傳遍了全省城。第二天開始，來了許多的香客參香捐獻，大家都想來看看這間破舊的小廟，是怎麼雕出了這一尊莊嚴的大佛，再加上濟公師父這一段神奇故事的加持，廟裡的香火一天比一天的更加興旺。

至於那位住持，則是一笑置之，什麼也沒有說。」

住持轉念送給濟公師父的兩顆饅頭，換來了廟裡興旺的香火。

就算表面上看起來，每個人都說大佛雕得好，那又如何？只要能夠找出一個問題，就能夠反敗為勝，既然能做的事情都已經做了，剩下的就是安心等待。

心要穩，不要困在眼前的麻煩和困境，不急著猜想結局，不要去擔明天的憂。

心要繼續的給，繼續的奉獻付出，等待自有天明。

●掌握自我

師父說：「一個人要有成就，就要明白自己的角色，在這個故事裡，你是什麼角色呢？你是濟公師父、是住持或者是大師呢？在你的人生之中，你能夠自我掌控嗎？你能夠掌握自己的角色嗎？

人們有時以為自己能夠掌控人生，卻被自己的框框、感受限制住了，所以走不出自己的路來。

在這個故事裡有許多不同的角色，你們要去體會參悟。」

想要掌握自己的人生，先要掌握好自己的框框在何處，知道何時該拿掉自己的框框。

大師的框

大師堅持佛像雙手的比例要大才叫好看，別人對他的稱讚限制了他的思想，讓他看不見自己不合理的地方。他沒有想到，既然這是賭局，就要拿掉自己的那個規矩，所以才會輸掉了這場賭局。

住持的框

當員外為濟公師父做保證人的時候，員外已經自願為濟

公師父扛下了一切，其實住持已經不需要擔心賭局的問題。

　　但是住持的心裡過得去嗎？如果是我們，我們會不會為了良心，跟自己過不去呢？

　　「我怎麼可以輸掉打賭，讓員外為我支付這筆錢呢？」

　　良心的感受，常常限制了我們的想法，也阻礙了我們的成就，所以師父常說：「做人要實在，但是不要太老實」，奇怪哦，濟公師父怎麼會叫人不要老實呢？

　　比方說，有時為了拉近關係，可以對業務說：「你們董事長叫做王大明，我也認識王大明。」其實你認識的王大明是另一個王大明，我們只是藉這件事情製造一個話題，多一個閒聊的趣事，「其實我說的王大明，是我的國中同學啦，不同人啊。」

　　比方說，送人一件禮物，有的人會很老實的講：「啊，這只是小東西啦，不值什麼錢。」

　　他很老實的表達出心裡的感覺和謙卑，但是別人聽到這句話的感受如何呢？

　　如果換個說法：「這個禮物是我特別花了心思，特別為您挑選的。」收禮物的人是不是更開心呢？

　　跳脫老實的良心框框，站在別人的角度用心設想說話，我們沒有要圖他什麼，只是要讓別人聽了更高興，也更能夠

拉近人與人之間的距離。

　　再舉個例子，比方說，你的養雞場一天可以生產一百顆蛋，但是客人要你每天提供兩百顆蛋，你要怎麼處理呢？

　　老實的人會說：「抱歉，我只能提供一百顆蛋。」然後訂單就沒有了。

　　但是實在的人會用心去想，他要不要爭取這筆訂單，他會說：「沒問題，我一定可以提供。」然後他會找其他養雞場一起接下這筆訂單，這也是與人共好。

　　老實與實在的分別在哪裡呢？

　　老實，就是原原本本的把心裡的情緒感受都講出來，沒有沉澱，也沒有轉念，說我想說的話，卻不是別人需要聽到的話。

　　實在，就是整理心中的情緒，想清楚自己的動機，問自己，要不要做這件事，要不要把握住人脈，讓自己轉一個念，放下我的堅持，用心去設想別人需要聽些什麼。我們不是欺騙別人，而是怎麼廣結善緣，成就與人共好的事業。

村民的框

　　村民也有自己的框框，當他們看到大佛，心裡只有敬畏的心，敬畏的心情限制了他們的選擇，當他們聽到每個人都

說大佛好，誰又敢說大佛的不好呢？其實啊，濟公師父要大家找問題，不是找「佛」的問題，而是要找「這座雕像」的問題，如果用雕像的角度去衡量，或許村民就能像濟公師父一樣看見比例不對的問題。

就好像下屬畏懼老闆的時候，他們把老闆當作老佛爺一樣對待，不敢懷疑老佛爺的每一句話，哪一天老佛爺做了錯誤的選擇，這些下屬也沒有機會補位或是給老闆一個提醒，最後只能一起承擔後果。

濟公師父設的框

其實濟公師父大可以一開始就說出答案，為什麼他一定要讓每一個人都來看看大佛是不是有問題呢？

這就是濟公師父設下的框框，讓每一個人先有了自己的答案，然後他們會在濟公師父的答案中，看見了自己的盲點。濟公師父一次點醒了八百個人，這才成就了一個人人口耳相傳的故事，這才有了這一座廟的鼎盛香火啊。

大佛非佛，不要被框框限制了自己，學著分別每個當下的動機，解除那些自我的限制，做出自己每一步的選擇。

●信仰不是迷信

師父說：「說到宗教信仰，不是要你們迷信，也不是為了讓你們打造一個自己的框框，讓自己躲在了另一個框框之中。所謂迷信，就是讓自己躲進一個框框的想法，這叫做迷信。」

迷信就是自己的框框。

人們容易把宗教信仰當作一個心靈信託，想要在其中尋找一個安心的想法，把自己的問題都託付給神明，那是一個以神為名的框框。

「我有誠心懺悔了，神明會原諒我的」，但是任性的言行、失控的脾氣卻是一再的錯誤重來。

「神明會庇佑我的工作的，會讓我做生意賺大錢」，只知道求神拜佛，卻不知道自己的問題出在哪裡，不知道如何去改變待人處事的方法，生意當然還是好不了。

「我有奉獻了，神明會保佑我一切順利的」，只是重視奉獻、捐獻的功德，卻不願意改變自己的個性和觀念，仍不斷的口舌是非，不斷對人爭吵、批評，福德又要如何留住呢？

要知道，福德像是一個銀行帳戶，我們可以存福德進去，但是一旦說話傷害了別人，這些過失也要扣這帳戶裡的

福德來彌補，所以個性和心態必須先要改變，一定要先從自己的心與口修起，先守住自己的福德，我們的廣善積德才能夠顯現效果。

　　如果一個宗教信仰只是用來「寄託煩惱」，只是方便人們逃避自己的問題、方便人們不要追求改變，它就會變成迷信。迷，是迷失自我的迷。

●著迷的迷，信服的信

　　師父對一個年輕的門生說：「你去問問看這些門生，他們對師父有沒有迷信。」

　　年輕的門生對其他門生一個一個的詢問，有趣的是，每一個門生都回答，他們對師父有迷信。

　　師父哈哈一笑，說：「你看啊，他們都對師父有迷信，雖然師父剛剛說不要迷信，但是他們為什麼還是堅持對師父有迷信呢？

　　在迷信當中，雖然有一種叫做無知的迷信，但是也有智慧的迷信，可以學習如何處理事情、如何提升自我的迷信。

　　迷信，就是迷與信。

　　先從迷信的迷說起：

　　師父這些門生的迷，不是迷失自我的迷，而是著迷的

迷。他們著迷於師父的魅力、道理和邏輯，一個人如果沒有魅力，別人會對他著迷嗎？

為什麼師父這些門生願意用自己休假的時間，願意放棄出去遊玩的機會，而來到這裡聽師父說話呢？就是因為著迷的迷。

所以聽師父一句話，福報不是只要去做就可以得到，那是不可能的，躲進框框的迷信，是不可能讓人成就的。

迷信的迷，就是要著迷在他的智慧，和他的魅力。魅力是什麼呢？就是他做事的態度，和他的情緒管理，以及他的思維與布局。

再說到迷信的信，不是只有信仰；信，是從信任開始，然後過程之中，慢慢轉換為心服口服，也就是信服。在這過程之中，情緒感受的轉換之間，這樣的信就有了自然心，是自然而然的信。

所以先有了信任，就有了信服，然後有幸福，之後就有了自然心，這樣的信，就能夠成就自己處理事情的方法與態度，這就叫做宗教信仰。我們的宗教信仰，不是一般的宗教信仰，值得我們花更多的時間去了解感受，無論是什麼事情，都需要自己投入身心去了解，投入身心去感受。」

　　因為著迷於濟公師父的態度、情緒管理與思維布局，因為信任濟公師父，照著師父的教導做起之後，有了更多成功的感受，而對濟公師父心服口服，對濟公師父完完全全的信服，然後感受到跟隨濟公師父的幸福感受。

　　所以，面對自己的人生與生活，將會自然的依著道理，而不是依著情緒，每一天都在練習怎麼對抗自己的情緒，自然而然的，明白如何處理事情，如何與人應對，如何調整自己的心態，以及表現在外的態度。

　　這樣的內涵與過程，就是宗教信仰的內涵。

【第八課】心有固執，徒生煩惱

●五種固執

師父說：「人的固執分成幾種：

第一種：**意識的固執**。這是天生自然的，就是我們打娘胎一生下來就有的固執，也就是凡事以自我的觀念為主，從小就習慣了，所以不容易把別人的意見聽進去，那其實就是對於『我』的執著。因為『我』的念頭總是在第一時間出現，很容易被先入為主的意見占據了腦袋，再也容不下其他的想法進來。

第二種：**閉目的固執**。事實明明擺在眼前，卻選擇閉上眼睛不看，明明知道這個做法不對，還是照著自己的方法去做，這是閉目的固執。

明明知道發脾氣是不對的，卻仍然克制不住情緒，不願意拿掉大腦中對立的想法和看法，就當作這些情緒都是別人造成的，最簡單的做法，就是當作事情不會再有更好的處理方法，就乾脆閉上眼睛，不再接受、接收別人的意見。

第三種：**高低的固執**。也就是在固執的程度上有高與低的分別，固執程度高的時候，完全聽不進別人說的話，固執

程度低的時候，又很容易受到別人的影響。

第四種：**指點的固執**。

凡事總是要求別人照著『我』的意見去做，總是用『我是為你好』這句話來包裝自己的意見，卻不願意聽聽別人的想法。

大腦中充滿了自我良好的感受，總是『自我高、自我賢、自我大』，把『我』捧得太高，無視別人的感受。

第五種：**『自五』的固執**。就是上面的固執幾乎都有了。

固執，源自於大腦的選擇方式：

當大腦只喜歡『我』的想法，那叫意識的固執。

當大腦不接受新的想法，那是閉目的固執。

當大腦不明白動機，被自己或別人的想法塞滿了，那是高低的固執。

當大腦捧高了『我』，看低了別人，那是指點的固執。

這樣的大腦，就是自五的固執。」

固執，與想法有關。

我們究竟需要什麼樣的想法，哪一種想法最適合現在的我，這個問題需要不斷的思考與思維，需要自我的個性調適與修為，不斷的磨練心中的害怕與情緒，不斷的放下害怕麻

煩的心情，不停的問問自己：還有沒有一個更好的選擇？問問自己，真正的動機在哪裡？

●固執的阿海

　　師父說：「有一天，濟公師父找上阿海，濟公師父說：『阿海啊，師父要買一隻豬，你的豬怎麼賣啊？』

　　阿海說：『我的豬本來一隻賣二兩銀子，但是師父您是吃素的人，為什麼要買豬呢？』

　　濟公師父說：『師父買豬當然有原因，也許是師父明天要吃豬肉啊。』

　　阿海緊張的說：『不可以啊，出家人怎麼可以吃豬肉啊？』

　　濟公師父當作沒聽見，說：『不然這樣吧，師父出十兩銀子跟你買一隻豬，你賣是不賣啊？』

　　阿海說：『不行，我不能讓師父破戒，出家人就是不能吃肉啊，這樣佛祖不會原諒我的，絕對不行啊。』

　　濟公師父又說：『不然再加一兩，總共十一兩，你賣是不賣啊？』

　　阿海一臉無奈的說：『師父啊，拜託不要害我被佛祖罵啊，有錢誰不想賺啊？不然這樣子啦，師父您再加一點啦。』

　　濟公師父就再加了一兩，阿海這才勉為其難的答應，他說：『好吧，我就賣一隻豬給師父，但是師父您要答應我不殺這隻豬，不然我是不賣的喔。』

　　濟公師父聽了可火大了，天底下哪裡有這種買賣，賣給別人的豬還不准別人殺，濟公師父無奈的說：『好啦好啦，答應你啦，十二兩給你吧。』

　　阿海很高興的雙手合十說：『佛祖啊，這隻豬我雖然賣給這位師父，但是師父答應我不會殺這隻豬，佛祖為證啊。』

　　雖然無奈，濟公師父還是牽著這隻豬離開了，沒想到這個阿海，因為怕被佛祖責罰，竟然一路跟著濟公師父，想要確保這隻豬的平安。」

●平分十七隻豬的難題

　　故事繼續：「濟公師父走到一個地方，遇到了大柳、中歡和小留，這三個人在吵架。原來當初三人共同出錢買了十七隻小豬仔，大柳出了二分之一，中歡出了三分之一，小留出了九分之一，現在豬養大了，他們準備要按照比例分配豬的數量，各自帶回去之後，各自處理。

　　問題是，豬不可以殺，他們也不願意把豬賣錢平分，這下子要怎麼分呢？怎麼算都分不平啊。

　　聽見了他們爭執的內容，濟公師父就走上前來說：『既然你們十七隻豬分不平，那就加上師父的這一隻豬，十八隻豬就可以平分了。但是師父這隻豬很貴喔，一隻要二十兩銀子啊。』

　　這三個人說：『哎呀，師父啊，您就做做好人啦，別這樣嘛，二十兩太貴了啦。』

　　結果一旁的阿海居然插嘴說：『師父的這隻豬是不能殺的，為了對佛祖有個交代，我就代替師父，把這隻豬送給你們啦。』

　　濟公師父瞪大了雙眼，他說：『什麼！師父花了十二兩銀子跟你買了這隻豬，你居然自作主張把豬送給別人，天底下有這種事情嗎？你當作我吃素的喔？？』

　　抱怨歸抱怨，濟公師父還是讓他們繼續分豬。

　　多了師父的這隻豬，那就是十八隻豬了，本來大柳只能分到八隻半的豬，現在卻可以分到九隻豬，而中歡本來分到五又三分之二隻，現在分了六隻，小留本來只有一又九分之八隻，現在卻分到了兩隻豬，每個人分到的數字都變多了，而且還是整數，這三個人於是開開心心的走了。這三個人總共分走了十七隻豬，最後剛好剩下了一隻豬，正是濟公師父原來的那隻豬。

　　哎呀，真是奇妙，本來無法平分的十七隻豬，加了濟公師父的一隻豬之後，不但三個人都分到了更多的豬，而且濟公師父也留住了自己的豬。

　　濟公師父說：『剛好，剩下這隻豬還是我的。』

　　一旁的阿海本來是打算把豬送人之後，就不用再盯著濟公師父了，這時卻看傻了眼，他說：『佛祖啊，您有看到嗎，居然有這種事會發生啊？』

　　濟公師父說了：『人心就是這樣啊，你要讓他們少拿一點，他們是不願意的，但是你要讓他們多拿一些，當然大家都願意。』問題就順利解決了。

　　要解決問題，就要明白人心的出發點究竟是在於計較，或者是不計較，像這樣的問題，就需要像濟公師父這樣德高望重的人出來主持，才有可能解決問題。

　　因為你們的奉獻心，有一天濟公師父就會帶著一隻豬，到你們的家裡，幫你們解決問題啊。』

　　這是改編自網路一個巧妙的數學問題，濟公師父送出了一隻豬，又得回一隻豬，看似沒失也沒得，但是卻能順利解決了問題，也是一種廣結善緣，有時人們的爭執就是為了一點計較心，總是需要有人願意付出，才能夠解決問題。

　　至於這個阿海，固執的習性讓他把事情越弄越複雜，什麼事情都拿佛祖當作擋箭牌，惹出了一件又一件的麻煩事，也難怪濟公師父要找阿海買豬，就是為了點出人的一個固執心，將會帶來多少煩惱。

　　豬分完了，故事才剛剛要開始。

●夜明珠

　　故事繼續說下去：「濟公師父走到了大柳家，喊道：『大柳啊，開不開心啊？』

　　大柳說：『開心啊，感謝師父的幫忙，昨晚我在豬圈裡發現一顆夜裡會發光的寶珠，幫我看看這是什麼好嗎？』

　　濟公師父一看，訝異的說：『哎呀，這是夜明珠啊，這顆明珠可是值不少錢啊。』

　　大柳並不以為意，他說：『師父啊，不然我拿這顆明珠換您的那一隻豬，您說好不好啊？』

　　當然好啊，這顆明珠可是價值連城啊，濟公師父說這顆明珠隨便賣也可以賣到一百兩銀子啊，於是就把這隻豬換了一顆夜明珠。

　　大柳好開心，他想著有了這隻豬，可以養肥了再送去賣錢，又有錢可以賺了，但是他卻不願意去想，其實賣掉寶珠

也一樣可以賺錢。

　　濟公師父說：『大柳啊，這顆夜明珠隨便賣也有個一百兩銀子，這可比你那隻豬還要值錢，你可明白嗎？』

　　大柳一直說沒關係，他的腦袋裡只想著要賣豬就好，就算拿到了寶珠，他也懶得去想要怎麼處理。你們看大柳是不是很固執呢？明明知道寶珠的價值，卻還是寧願用自己熟悉的方法賺錢。

　　濟公師父於是帶著寶珠，來到了大街，迎面遇上了縣太爺，濟公師父手捧著寶珠，伸手便攔下了縣太爺說：『縣太爺您看，這是什麼？』

　　縣太爺好奇的問：『您是哪裡來的師父啊？怎麼會有這麼一顆寶珠啊？』

　　濟公師父說：『吾乃西湖靈隱寺濟公活佛。』

　　一聽是濟公活佛，縣太爺態度恭敬的詢問，這一顆明珠是哪裡來的？

　　濟公師父說：『這是從佛山聖地，佛祖住的地方出土而來的。』其實就是豬圈啦，濟公師父故意不這麼說，因為豬就是大柳的佛祖啊，牠養活了大柳一家溫飽，所以濟公師父這麼說，有沒有騙人呢？人要實在，但不要太老實啦。

　　聽到是佛山聖地來的明珠，縣太爺瞪大了眼睛，但是他

也不知道這到底是什麼東西。

　　濟公師父說：這顆明珠如果拿去獻給皇上，你就可以升大官了；但是啊，這個明珠如果是假的，那你就有殺身之禍了。這樣吧，我們就別講價了，我這顆明珠就一百兩賣給你吧。』

　　縣太爺說：『師父等我一下，讓我把這顆明珠送去給人鑑定，如果沒有問題，我就把它買下來。』濟公師父於是把明珠留給了縣太爺，自己先走一步。」

　　有發現嗎？阿海講佛祖，濟公師父也講佛祖。阿海一講到佛祖，就是什麼都要聽佛祖的，其實全部都是阿海自己的意思。

　　但是濟公師父講到佛祖，卻是有他的動機，為的是讓因緣可以延續，讓這一顆夜明珠的緣分可以繼續下去。

●不老實的商人

　　師父說：「濟公師父走在路上，這時阿海又出現了，他追上來問：『師父啊，你沒有把那隻豬殺了吧。』濟公師父直搖頭，阿海聽到豬已經拿去換了一顆夜明珠的事情，他才安下心來。

　　走著走著，濟公師父忽然踢到了什麼東西，濟公師父叫阿海看看是什麼。

　　阿海一看，說：『師父啊，這是一個袋子，裡面竟然有二十兩銀子。』

　　濟公師父說：『這銀子是上天給你的禮物，把銀子拿走吧。』

　　阿海本來聽了很高興，但是轉念一想，他說：『不對，佛祖有說，做人要戒貪、嗔、癡，所以撿到別人的錢財不可以貪，我要在這裡等失主回來。』

　　濟公師父就說：『你現在有兩條路，你如果相信佛祖，就在這裡等失主回來；如果你不相信佛祖，你就把錢拿回去花用，因為這是你撿到的。』

　　如果是你們，你們要選擇相信佛祖嗎？

　　阿海當然是選擇相信佛祖，所以就在原地等著，過了不久，果然有一個商人慌慌張張的四處張望，像是在找東西。

　　阿海也不等對方開口，就問了：『你是不是掉了東西啊？』就把袋子舉起給商人看。

　　商人很高興的說：『對對對，我掉了東西，就是這個袋子啊。』

　　阿海說：『你真是太不小心了，這裡面可是有二十兩銀

子啊。』就把袋子交給了商人。

你們說，這個商人是不是很高興啊？這個商人接下來會怎麼反應呢？

這個商人接過袋子一看，他竟然說：『咦？我這袋子本來是四十兩銀子，怎麼會少了二十兩呢？』阿海沒想到自己竟然被人家反咬一口，急著請濟公師父幫忙做證。

沒想到濟公師父卻說：『哎呀，別問我，師父可不知道裡面有多少錢，師父只有看見阿海在翻袋子哦。』

就這樣，這個商人拉著阿海上官府去打官司。

咦？這個濟公師父怎麼不幫阿海說話呢？出家人應該是慈悲為懷才對啊。但是話說回來，濟公師父也是照著事實說話，並沒有故意害人。

阿海一邊走一邊抱怨：『怎麼會這麼倒楣，早知道聽濟公師父的話就好了，把錢拿回去花就沒事了，做好人竟然做到被人抓去官府。』

濟公師父說：『做不做好人不重要，重要的是，如果要信濟公師父，就要懂得享受人生，你們以為每個人都是好人嗎？你還是可能被別人反咬一口。』

這個可憐的阿海，堅持自己是相信佛祖的，反而被人陷害了，這下要怎麼辦呢？』

　　什麼是信仰？

　　信仰並不是像阿海這樣，他開口閉口都是佛祖，但是一言一行都不如佛法。

　　正信的信仰，不是執著於看不見的神明，而是把佛法入心，深入自己的思維，轉變固執的想法與個性，改變說話與應對，變化與人相處的方法；能夠善待自己，能夠廣結善緣，能夠圓滿眾生。

　　阿海既然自己決定不要貪這筆錢，何不坦然接受這個結果，不要去怨佛祖。他的腦袋裡只有佛祖的話，卻沒有隨機應變的思維，這就是「高低的固執」，是固執造成了自己的煩惱，不要去怪佛祖。

　　如果阿海自己能多一分心思，先開口問問商人袋子裡有多少錢，好確認這個袋子是不是他的，是不是就少了這一件事了呢？

　　信仰，是心中有信，一言一行皆有信。

【第九課】放下固執，活在當下

●明鏡高懸的縣太爺

師父接著說上一課的故事：「來到衙門，縣太爺升了堂，濟公師父一見到縣太爺，先開口問了：『縣太爺啊，我那顆寶珠鑑定好了沒有啊？』縣太爺搖頭說沒有。

阿海見狀趕緊拜託濟公師父幫忙講情，濟公師父說：『不行啊，縣太爺是公正廉明的，怎麼可以說情呢。』

縣太爺於是要堂下的眾人把事情說一遍。阿海就把自己撿了袋子，在路邊等人認領，反而被商人誣賴的過程說了一遍。

商人連忙插話說：『他亂說啊，我的袋子裡本來就有四十兩銀子，明明是他偷拿了二十兩銀子。』

『不然我們來查看看阿海身上還有多少銀子嘛。』

這句話是誰說的呢？哈哈，這句話竟然是濟公師父講的啦，這個濟公師父怎麼這樣啊，他不是應該慈悲為懷嗎？

縣老爺真的派人查了一下阿海身上的錢，算了算，剛剛好就是二十兩。

阿海很緊張的解釋說：『大人啊，冤枉啊，這二十兩是

我自己的錢啊，裡面有十二兩還是濟公師父昨天跟我買豬給我的錢，我絕對不可能偷拿袋子裡的錢。』

商人趕緊說：『大人啊，您看這不是剛剛好嗎？就是他偷了我的錢。』

縣太爺說：『阿海啊，看來這下子你跳到黃河也洗不清了，怎麼辦啊，師父要幫他說句話嗎？』

濟公師父說：『我不知道喔，我只有看到阿海撿袋子，也有看到他在算錢，但是不知道裡面有多少錢。不過，我相信阿海不會偷錢啦，信佛祖的人一定不會做這樣的事情。』濟公師父說的話，也沒有半句虛假。

縣太爺仔仔細細的把每個人說的話從頭聽到尾，你們覺得縣太爺會怎麼判罪呢？

剛剛提到的那一顆夜明珠，不是還在縣太爺的手上嗎？這夜明珠發出了光芒照啊照的，把每一個人的心事都照得一清二楚。縣太爺很清楚的看到了阿海緊張的心情，也看到了商人心情安定的說話，縣太爺把一切都看得一清二楚了。

縣太爺說：『這位商人從頭到尾，說話都沒有偏差，而且有條有理，我相信商人的袋子裡的確有四十兩。』

哎呀！聽縣太爺這麼說，阿海更加的緊張了。

縣太爺接著說：『阿海，你雖然緊張，但是你說話的前

後邏輯一致，也是有道理的，濟公師父啊，您說怎麼判才好啊？』

　　濟公師父事不關己的說：『別問我，我只想知道我那顆夜明珠可以賣多少錢。』

　　縣太爺這時宣布判決：『既然商人的袋子裡有四十兩銀子，阿海也的確撿到一個只有二十兩銀子的袋子，況且他還好心的在路邊等候失主。

　　那就表示這裝了二十兩銀子的袋子，並不是商人的那一個袋子，商人你再回原地去找找看吧。

　　阿海啊，你還想要這個袋子嗎？』

　　飽受驚嚇的阿海連忙搖搖手說：『我不要，我不要了，我只要證明自己的清白就夠了，我什麼都不要。』

　　濟公師父說：『縣老爺啊，見者有份啊，這袋子當初也是我踢到的，所以我也有份啊。』

　　縣太爺說：『既然這袋銀子阿海不要了，現在也找不到失主，本府就把這袋銀子判給濟公師父了。』

　　這個縣太爺判得眾人心服口服，商人也只能啞巴吃黃蓮，默默的接受了這個判決。

　　濟公師父這時又開口了：『縣太爺啊，你到底要不要買我那顆夜明珠啊？』一旁的商人看到了夜明珠，他心想：『哎

呀，這顆夜明珠至少可以賣到八百兩啊。』

　　商人就向濟公師父出價五十兩，濟公師父搖搖頭說：『不行，這夜明珠一定要賣一百兩。』

　　你們說，商人願不願意買呢？當然願意啊，他才剛損失了二十兩，當然要買下夜明珠，好彌補自己的損失。於是商人馬上拿出了一百兩，把夜明珠買了下來，縣太爺也就成全了這一筆交易。

　　故事走到這裡，這個奸詐的商人，居然買到了夜明珠，往後還可能因此賺到一筆大錢，這樣的情節你們能夠接受嗎？會不會不服氣呢？為什麼一個不老實的商人，還可以賺到錢呢？

　　你們得要明白，一個人是不是壞人，與他能不能賺得到錢，是毫不相關的兩回事。

　　這顆夜明珠，濟公師父就是出價一百兩，商人也拿了一百兩來買，而且濟公師父也心甘情願賣給了商人，所以，商人日後有沒有賺到錢，跟他今天是不是壞人有關係嗎？

　　當然沒有關係。

　　所以為什麼我們在看別人的時候，總是把每一件事都牽連在一起呢？就像有人會說，濟公師父這麼邋遢，他講的話值得聽嗎？

　　濟公師父說的話是不是有道理，與師父的外表有關嗎？
與別人對師父的評價有關嗎？所以記得，做事不要隨便牽
連。」

　　看到商人說謊話，就期待他會受到懲罰，雖然他已經賠
了二十兩銀子，也受到了處罰，卻還會期待他會再多受幾次
懲罰，期待那些好事都與他無關，好像這商人就應該一直遇
到壞事，才能出了心頭的那一股氣，這是因為我們已經給他
貼上了「壞人」的標籤。

　　這就是牽連的情緒，問題的根源仍然是想要出氣的情
緒，這商人到底要受多少苦，我們才願意撕掉那張「壞人」
的標籤呢？

　　動了情緒，貼了標籤：這個人是壞人，那個人是懶惰鬼，
那個人難相處，於是我們就會因人廢言，有了先入為主的偏
見，然後事事看人不順眼。

　　這樣的習性，可能就會讓我們拒人於千里之外，更會斷
了我們原本有的緣分。就像有的人一聽到「濟公」二字，就
不想再聽我們分享什麼道理，也就跟著錯失了濟公師父的道
理，斷絕了一個可能的緣分。

> 牽連的心，總是活在昨天，活在過往的情緒裡；
>
> 覺察的心，就要活在當下，要從自己的情緒修起。

●六隻和尚豬

師父說：「順利把夜明珠賣了出去，阿海的問題也解決了，算是一個皆大歡喜的結局，濟公師父準備去拜訪中歡。

『濟公師父啊，我以後不信佛祖，我要聽您的話了。』阿海從後面追了上來。

『那你趕快回去睡覺吧。』濟公師父揮揮手這麼說。

『好好好，我趕快回去睡覺。』為了盯著濟公師父的那隻豬，阿海整整兩天沒有睡覺，直到這時才願意聽話回家睡覺。但是才走了兩步，又回頭多問了一句：『師父啊，您要去哪裡啊？』

濟公師父說要去中歡那裡，阿海居然又說要跟著去，濟公師父忍不住問：『你還敢跟著師父啊，不怕又出事情喔？』阿海只是陪著笑臉，就這麼去到了中歡的家。

見到濟公師父到來，中歡很高興的出來迎接，他說：『師父啊，那個大柳真是過分，他已經賺那麼多了，讓我們多分一點有什麼關係，還好有師父幫忙，我才能多分到一隻豬，師父喜歡吃什麼，我去買給師父吃。』

　　濟公師父搖搖手說不用，接著說：『我今天來，是為了買你的那六隻豬啊。』

　　這時阿海又插嘴了：『師父啊，萬萬不可啊，佛祖說出家人不可以殺生啊，不要破戒啊。』你們看阿海有沒有改變啊，固執的習性真是根深蒂固。

　　中歡對師父說：『師父真的要買嗎？我也不知道要怎麼賣啊，師父要出多少錢買呢？』

　　阿海說：『我之前賣師父那隻豬，一隻賣十二兩喔。』濟公師父真想一扇子把阿海搧回家去，居然多嘴抬高了價格，原本阿海的豬一隻才賣二兩銀子啊。

　　濟公師父就說：『好吧，既然如此，那我就用一隻十二兩的價格買吧。』

　　中歡驚喜的說：『哎呀，我本來想說六隻賣師父十兩就好了，沒想到師父要給我這麼多錢，真是謝謝師父啊。』

　　你們想想，為什麼濟公師父要用這個價格買呢？

　　一個是因為人都是有比較心的，如果阿海賣師父一隻十二兩，中歡怎麼會願意以低價賣呢？

　　另一個，則是為了因緣，因為濟公師父剛好想要買豬，剛好來到了中歡這裡。

　　買完了豬，濟公師父準備要走了，阿海又在一旁唸著：

『哎呀，師父啊，您不可以殺生破戒啊，我才剛剛決定要信濟公師父，您就要破戒了，該不會是我害的吧，這樣佛祖會處罰我啊。』

濟公師父懶得理他，只是說：『阿海啊，前面有一間大雄寶殿，把這六隻豬趕去那裡向佛祖懺悔吧。』阿海聽了，他想這豬怎麼可能會懺悔呢，本來想要爭論幾句，最後還是決定聽師父的話了。

去到大雄寶殿，阿海讓六隻豬排隊站好，準備懺悔。這六隻豬裡，有一隻開始打嗝，有一隻嘰哩咕嚕不知道說些什麼，大概是在講靈語，還有一隻呢？居然會唱歌啊，真是奇怪啊。

濟公師父交代阿海拿剃刀來，準備要給這六隻豬剃度受戒。

濟公師父於是對著殿上的菩薩說：『佛祖啊，阿海旁邊這六隻豬要來向佛祖懺悔，因為牠們準備要剃度受戒，要成為佛祖的弟子，希望佛祖收留。』

阿海的固執病又發作了，他總是拿著自己的想法，和濟公師父比較，他說：『師父啊，您不要害我啊，這件事與我無關，這是師父自己說的喔。我雖然沒有讀過書，但我也知道讓豬剃度沒有什麼道理，哪有人會這麼做的呢？』

　　濟公師父笑了笑說：『佛說啊，一切眾生都是平等的，你可知道，為什麼人說不要殺生呢？

　　因為啊，說不定這隻豬前世曾經是你過去的父母親、曾經是你的祖先或是過去世的親人、子女，所以才說不可殺生啊。

　　所以不要看輕這幾隻豬，更要明白為什麼佛祖說眾生平等，這幾隻豬當然可以成為佛祖的弟子。』

　　原本打從心裡看不起豬的阿海，被濟公師父這麼一講，心裡也亂了主意，他接著說：『師父啊，被您這麼一說，我也不知道怎麼想了，到底這世上是有佛祖，還是沒有佛祖啊？師父您到底是出家人，或者不是出家人啊？』濟公師父只是笑著搖了搖頭。

　　濟公師父拿起了香，在每隻豬的頭上點了三點戒疤，點成一個三角形，濟公師父說：『這六隻豬，就叫做「和尚豬」。阿海啊，走吧，把這幾隻和尚豬趕著，我們去找小留吧。』」

　　釋迦牟尼佛說過，在他開悟之前，曾經轉世輪迴無數次，許多的佛教故事都透過輪迴的角度，說明人與人之間的業力是如何的累世糾纏。

　　佛說眾生平等，並不只是說人與豬平等，更重要的是，無論是什麼樣的生命，在因果規律之前都是一樣的；每一條

生命輪迴的際遇，都是由他自己造成的善業與惡業而決定。

比方說，前面那個不老實的商人已經為了他的說謊付出了代價，如果我們再要去罵他、攻擊他，再要發作情緒，我們也就造了口業。

人們常常因為牽連的心，相互糾纏，造就了共業，所以才會不斷在輪迴之中，不斷的相遇。所謂的輪迴這件事情，是為了讓我們有機會及時的醒悟，這顆心不要再有牽連，共業也不再延續，才有機會跳脫輪迴。

眾生平等，別人的業是他的業，與我無關。
一念福德，洗淨的是自己的業，不再相怨。

豬，真的是我們過去世的親人轉變的嗎？「不知道」。緣分如何安排，我們就如何順緣。

●能賣不能殺的和尚豬

故事繼續：「去到小留的家，小留一樣熱情歡迎濟公師父，小留說：『師父啊，感謝您的幫忙，我那兩隻豬馬上就轉手賣人了，現在還有四隻豬腳，等等煮給師父吃。

咦，師父您還有六隻豬喔，不然我一起處理好了。』

　　阿海又喊了：『不行啦，這是和尚豬啊，不可以殺啦，你沒看到牠們頭上有戒疤啊。』

　　小留沒好氣的說：『什麼戒疤啊？我沒看見，我只知道人家把豬剃了毛之後，就是像神豬那樣，準備要殺了上架祭神啦。』

　　小留轉頭對濟公師父恭敬的說：『師父啊，您這六隻豬打算要怎麼處理啊？』

　　濟公師父說：『師父想要讓你幫忙把這六隻豬賣掉，但是，這六隻是和尚豬哦，只能賣不能殺，而且一隻至少要開價三十兩。』

　　小留聽到一隻豬的價格竟然開到三十兩，說：『師父啊，天底下哪有這麼好康的事情啊，一隻二兩的豬怎麼可能賣到一隻三十兩？不然，師父您來賣，如果真的一隻三十兩賣得出去的話，我以後一輩子都不再殺豬。』

　　一旁的阿海喃喃唸道：『佛祖啊，請原諒我啊，是我害師父破戒的，不要處罰我啊。』你們聽聽看，這個阿海究竟是拜佛祖還是信濟公師父啊？明明剛才嘴上才說要信濟公師父，結果他的心裡還是在拜佛祖，這就是心口不一啊。

　　就在這個時候，來了一對員外和他的夫人，兩人很好奇的看著濟公師父的這六隻豬，居然頭上點了戒疤，夫人就開

口問了：『師父啊，這六隻豬是您的弟子嗎？』

　　濟公師父回答說：『這位員外和夫人啊，兩位可能眼力不好，請再仔細看個清楚啊。』

　　員外說：『這六隻豬在這大雄寶殿之前，又點了戒疤，師父您又是佛門中人，所以我的夫人這麼說也沒有什麼問題啊。』

　　濟公師父說：『員外啊，張開你的雙眼再仔細的看一次。』

　　員外被濟公師父問得糊塗了，他說：『咦，那麼請問師父，這六隻豬是什麼啊？』

　　濟公師父說：『你自己說這六隻是豬了，為什麼還要問我呢？

　　你看到師父我穿袈裟，就以為我是佛門中人，又看到豬點了戒疤，就以為豬是師父的弟子，其實這六隻豬只是由師父開戒，牠們雖然具備了佛弟子的樣貌，還不足以成為佛的弟子，更不是我的弟子。』

　　員外聽了，這才道歉說：『啊，真是抱歉，這是我的失言，我和夫人一直以來都是篤信佛教，今天才會以貌取人，有了誤會啊，真是不好意思。』

　　濟公師父笑了笑說：『員外與夫人啊，千萬不可魚目混

珠，看事情一定要分別清楚。豬就是豬，雖然點了戒疤，光靠牠們自己的條件，仍然不足以成為佛祖的弟子。

所以師父把牠們稱為和尚豬，是為了幫牠們尋找有緣人，期待這有緣人能夠用愛心照顧牠們，每天找人唸佛經給牠們聽，並且終生供養牠們，不可以宰殺。

如果這六隻豬在這一世，能夠因此受到佛法感化，明白懺悔自己過去的不對，能夠開啟牠們來世修行的緣分，這也是一種難得的福分啊，員外您說是嗎？』

如果你們是這個員外，你們聽了師父這麼說，會不會因此發願成全這六隻和尚豬的修行呢？

這個員外聽了濟公師父的話，果然願意買下這六隻和尚豬，並說：『為了跟隨佛祖教化眾生的大願，我願意買下這六隻和尚豬，並且一輩子供養牠們。請問師父這六隻和尚豬要怎麼賣啊？』

濟公師父這時趕緊先叫阿海去買些鮮花素果來拜佛祖，以免阿海打亂了師父的布局。

阿海被支開之後，小留出來開價了，他說：『員外啊，豬一隻要三十兩，但是六隻要三百兩。』

員外聽得滿頭霧水，為什麼一隻三十兩，六隻卻要三百兩呢？

　　濟公師父這才解釋說：『三十兩是一般豬的價格，但是師父這六隻是和尚豬，只能一起賣，六隻就是要三百兩。』

　　員外一片善心，也不多問什麼，直接拿出了三百兩，就把六隻和尚豬帶了回去了，至於這六隻和尚豬後來發生了什麼事呢？那又是另一篇故事了。

　　這時，阿海回來了，聽小留說師父的六隻和尚豬賣了三百兩，他又唸了起來：『師父啊，您這樣不行啦，出家人怎麼可以賣這麼貴，這是暴利啊。』

　　濟公師父說：『阿海啊，你可以回去睡覺了，師父存了這些錢，準備要去找一塊地建廟了。』今天故事就講到這裡。」

　　阿海一直到了故事的最後，還是沒有學會放下自我的固執，他雖然說自己信了濟公師父，但是仍然執著於過去學過的事理，出家人不可以這樣、出家人不可以那樣。阿海總是煩惱佛祖會處罰他，卻不會擔心自己的心難以開悟，光是說相信佛祖，卻不明白要如何解脫這份煩惱。

　　同樣篤信佛祖，員外的心卻懂得放下固執，經過濟公師父的點醒，他就明白不能以貌取人的道理，明白修行要修心，所以願意教化那六隻和尚豬。

所謂信仰，並不只是修這口上的相信而已，而是能夠修好這顆固執的心。

【第十課】學會順聽，堅強自己

●濟公道的節奏感

開始要說故事了，師父的精神都來了，用著一點帶著說唱的韻味，這麼唱著：

「濟公講古，大家聽嘸，要是在濟公道聽古，你也不知道什麼叫打鼓；

打鼓有那個一二三，有那個節奏；

你要是沒有那個節奏，人生就像是烏有、黑白來、隨便做；

打亂了自己，就不知道什麼叫做『種』；

種，就是傳延、延續的種。」

聽濟公師父講古，是要聽些什麼呢？

聽的是故事的節奏，要聽的是道理的規律，雖然故事人物總是走在跌跌撞撞的路上，也能夠透過濟公師父的指引或是教導，讓每一個人物懂得如何改變、甘願的給出自己，關鍵就在於，每個主角都願意用自己的一份堅強，護持著願意不斷向前的心念，雖然痛苦、雖然辛苦，仍然能夠不斷的爬

起，總會在原來看似絕望的地方，重新找回了生機。

　　人生總是一道又一道的關卡，想當初好不容易考上了一所好的高中，接下來還得要考一所更好的大學。考上了好的大學之後，又要擔心畢業之後，能不能夠找到一份志趣相投的好工作。等到我們開始工作了，開始建立家庭了，才會開始發現，原來這人生沒有什麼一帆風順，也沒有什麼王子公主從此過著幸福快樂的生活。我們遇到那麼多困難的課題，都是學校老師不曾教過的考題：

　　「要如何懷著熱情說話，又不讓熱情熄滅？」

　　「要如何保持心中的樂心，不會被每一天的煩惱壓垮了自己？」

　　「要如何保有信心，無論多麼大的挫折、痛苦，也能夠不放棄自己？」

　　人生中的每一道關卡，其實不是為了折磨我們，更不是在處罰我們，而是讓我們有機會站在昨天的痛苦經驗之上，找到新的出路，能夠把自己的心墊高。於是每過了一次關，我們的視野就越高，也看得更遠。

　　墊高，就是從照顧自己、善待自己開始，然後能夠照顧身邊的人，創造更大的價值，人們常常問：「人生的意義在哪裡？」

其實不需要問，人生的意義是自己創造的，答案就在我們自己的手裡。

這就是人生的節奏感，雖然人生總是一關又一關的考驗，我們仍是一步一步的、更加堅強的邁向下一關；所以我們更需要學習模仿，轉變看待人生的智慧，我們更需要奉獻付出，廣結與人共好的善緣，在每一步的腳步中，咬牙扛住這肩頭上的壓力，鼓足勇氣的邁出下一步。

考驗就像是那一記鼓聲，向前的腳步，就是舉起鼓槌的手，一次次的落槌，一次次迎向下一關的考驗，這人生雖然艱難的挑戰不斷，卻也更加精彩。

聽濟公師父打鼓，明白節奏之後，就知道如何跟著合拍、共鳴，就知道怎麼一槌一槌的打鼓，一步一步的跟隨，帶動身旁的人們一起前進，或許是我們的家人、或許是工作上的夥伴。

問問自己，我們一開始建造這個家的動機是什麼，投入這一份工作的初衷是什麼，打造這份事業的起心動念為的是什麼，那就是最初的種子。看清楚種子在哪裡，所以明白家裡、工作、公司都不是對人講道理的地方，而是自己修行的道場，是自己實行道理的地方。

所以我們更明白如何守護種子，為它除去情緒的雜草，

更加的珍惜自己、珍惜身旁的人，更加的明白動機，能夠堅持的修口與修心，雖然生活總是紛紛擾擾、忙忙碌碌，雖然總會遭受困難、打擊，也不會忘了最初的心念。痛楚的今天，總是會成為昨天，我們的心心念念，都是為了更好的明天，不是為了昨天，人生像一首樂曲，它總是往前，從來不曾後退。

　　也許一時被人打亂了節奏，也許會有疑惑的時刻，不知道為什麼要努力，不知道明天要往何處去，但是我們有著信仰、我們也需要信仰。信仰像燈塔一樣指引著方向，在每一個人生艱難的時刻、在那些壓力巨大的時刻裡，收拾起散亂的心情，收拾起心中的害怕和畏懼，找回原來的節奏和初衷。

　　掌握了節奏感之後，我們將會知道，何時要落槌，何時要舉手，人生起落又如何？一時的成功又如何？我們一樣照著節奏前進。

●會唸經的和尚豬

　　師父說：「所以濟公講道，如果無心聽道，就是自然之道。

　　所以濟公講道，如果有心學習，卻沒有融入角色，你就

無法了解濟公道所講的每一個角色。你們不會知道人與人之間的三角關係，什麼叫人，什麼叫鬼，什麼是道理，什麼是分寸，這就是今天要走的路。」

道理之中，不談對或錯、不談罪與罰，重要的是道理應用的時機、角色，重要的是如何護持心的堅強，不受情緒傷害；重要的是如何看清此刻的角色、劇本是什麼，於是懂得分寸在哪裡，於是明白何時該要柔軟，何時該要放低身段，何時又要積極進取。

師父說：「在前一個故事裡，濟公師父剃度了六隻豬，叫做和尚豬，賣給了一對員外夫妻，這對夫妻答應要養和尚豬一輩子，濟公師父這天想到了這六隻和尚豬，決定去探望牠們。

來到員外的家中，濟公師父說：『員外啊，我來探望佛祖的弟子，看看那六隻和尚豬有沒有唸經啊。』

員外說：『啊？和尚豬要唸什麼經？』他的心裡有了一些懷疑。

員外的夫人說：『師父啊，我們是有請人唸經給和尚豬聽啊，不過那是人唸的啊。』

　　濟公師父說：『這和尚豬是會唸經的啊，你們不知道嗎？』

　　員外說：『哎呀，師父說笑了，豬怎麼會唸經呢？』

　　濟公師父說：『員外啊，不如這樣子啦，我們來打個賭，如果豬會唸經，你就給師父一千兩。』

　　員外一口就答應跟濟公師父打賭，員外問：『師父啊，那豬要怎麼唸經啊？』

　　濟公師父就對站在一旁的幾個人說道：『你們幾個平時唸經給豬聽，也算是豬的同修，既然是同修，你們幾個來學一下豬叫，唸經給豬聽吧。』

　　這幾個人就學了幾聲豬叫，開始唸經：『阿彌陀佛，阿彌陀佛……』，一旁的豬，只是『摳！摳！』的叫著，奇怪哦，豬有唸經嗎？這個時候，員外說：『師父啊，您輸了，這是人唸經，不是豬唸經。』

　　濟公師父笑了笑說：『你說的也對啦，這是人在唸經，所以豬不會唸經啊。』這個員外好開心啊，竟然打賭贏了濟公師父，濟公師父笑了笑說：『好吧，這一千兩師父等等給你，但是我們再打一個賭，賭這六隻和尚豬會唸經，我們剛剛賭的是豬會唸經，現在賭的，是和尚豬會唸經，這次賭大一點，五千兩！雖然豬不會唸經，但是和尚豬會跟著這群人

一起唸經哦。』不待員外答應，濟公師父就叫這六隻豬排好，然後讓這幾個人開始唸經：『阿彌陀佛～阿彌陀佛～阿彌陀佛～阿彌陀佛～』

『摳摳摳摳～摳摳摳摳～摳摳摳摳～摳摳摳摳～』，這六隻和尚豬聽人唸經聽久了，已經熟悉節奏，還真的會跟著唸佛聲的節奏一起共同叫了起來，聽起來就像牠們跟著人一起在唸經，和尚豬們融入了唸經的節奏。

這是因為濟公師父先有布局，之前交代員外每天要讓人唸經給和尚豬聽，所以和尚豬自然就會跟著唸了嘛。

『所以啊，和尚豬會唸經！』濟公師父贏了這場賭局，這個員外也沒有因為濟公師父的硬拗而爭辯，這當然是因為員外敬重濟公師父的德高望重，他聽明白了師父的道理，所以也樂於配合演戲。靜觀啊，你豬不豬啊？」

「豬～～」，我也聽懂了師父的意思，是人也好，是豬也罷，配合師父的節奏，和大家一起開心的笑聲，就是一種樂心的感受。

只要放下對「豬」的堅持，樂心就很容易了，豬並不笨，也不是用來罵人的，這麼想就輕鬆了。師父常常藉由對答的問話訓練我們，訓練我們的節奏感，訓練我們的應對方法，

教我們要能觀察別人的布局和安排，才能在適當的時機與別人共鳴。

　　重要的，是要融入當下的情境，體會別人的動機，而不是堅持著自己的角度，堅持自己的喜好和面子。在公司如果能夠看懂老闆的布局和規劃，適時的順水推舟，是不是就能自然的融入主流，更加順風順水呢？在這個時候，如果還要堅持自己的道理，偏偏要逆流而行，打亂了老闆的節奏，吃虧的又會是誰呢？

　　聽濟公師父唸阿彌陀佛，我們就像和尚豬一般，要學著一起「摳摳」叫，要跟上節拍啊，「摳摳摳摳～」。

●和尚鴨的名字

　　師父繼續講故事：「濟公師父贏了打賭，忙著要跟員外算錢。員外說：『師父不用擔心，我等一下就把四千兩給師父了，師父難得來一趟，我們一起去附近走走吧。』

　　幾個人就一同到附近的鄉間散步，看到了五隻鴨子，濟公師父靈機一動，問員外說：『員外啊，這五隻鴨子，如果讓牠們變成和尚鴨的話，你覺得一隻可以賣多少錢？』

　　『哎呀，師父別開玩笑了啦，我已經輸給師父四千兩了，身上沒錢了啦。』員外笑著求饒。

　　濟公師父就叫人幫忙抓鴨子：『靜觀啊，幫師父抓那五隻鴨子，但是要讓牠們願者上鉤，不要直接抓哦。』

　　濟公師父就叫人挖了一些蚯蚓，用蚯蚓引誘五隻鴨子過來，『來，靜觀，把這五隻鴨子的頭剃一剃。』和尚鴨啊，當然要剃頭，剃了之後，濟公師父給每隻鴨子點了兩點戒疤。

　　點戒疤啊，就是一點清，二點明，三開口。這五隻鴨子不會開口，所以只點兩點戒疤，鴨子要是會開口，那可就不一樣了哦，點完了戒疤，就放五隻鴨子自己去找吃的，濟公和尚又問了員外：『要不要買這五隻和尚鴨啊？』員外連連搖手說不要。

　　這時，不遠處有六個人騎著馬過來，其中有一個人舉手就射了一箭，『咻』的一聲，一支箭射中了一隻和尚鴨的腳，這六個人於是下了馬，

　　『大人好箭術，果然射中了啊。』原來其中一個人是來自京城的高官達貴。

　　濟公師父這時大喊著：『喂喂喂～～，你的箭射中了我的和尚鴨啊。』以前做官的人，都是氣燄高張，對待平民百姓都是不留情面的，喊打就打，喊殺就殺，不會留一點情面，一旁的員外知道這位高官的地位，趕緊出來打個圓場：『大

人大駕光臨，歡迎歡迎，不如來寒舍泡個茶好嗎？』

　　濟公師父可不答應了，他口氣強硬的說：『不行！你一定要賠我這隻鴨，你射傷了牠就要賠！射箭技術這麼差，要射也射準一點，要是不小心射到我要怎麼辦？今天非要你賠錢不可。』

　　高官的隨從往前一站，說道：『我們家主人從來不在乎這種小事，這隻鴨子射就射了，那又如何，整個省城都是我們家大人在管的，誰敢叫我們大人賠錢？』

　　這個員外心裡忐忑不安，怕事情鬧大，連忙說：『哎呀，沒關係啦，我們先去喝個茶慢慢說啊。』

　　濟公師父還是堅持說：『不行！這隻和尚鴨受了傷，你得要賠我一萬兩銀子！』

　　你們想想，這個高官會有多麼生氣啊，以他這麼高的地位，從來沒有人敢如此冒犯他，如果你們是這位高官，你們會不會生氣呢？你們在外面如果是一個高階的主管，有沒有受過別人這樣的欺負啊？會是什麼心情啊？

　　這個時候，員外想要息事寧人，濟公師父卻堅持要高官賠錢，這個高官自己也想不到會有人敢這樣頂撞他，而且還是為了一隻野生的鴨子，高官很生氣的說：『這裡是我的地盤，我想要打什麼獵物就打什麼獵物，不然我問你，你要怎

麼證明這隻鴨子是你的，我早就注意到這裡有五隻鴨子了，我是今天有空才特地來這裡打獵的，你倒是說看看啊。』

　　濟公師父說：『你仔細看看，有沒有看到這五隻鴨子頭上都已經剃度，還點了戒疤，牠們就是和尚鴨，剃度了就是佛祖的弟子啊，這是師父我特地準備呈上京城、要給國師的鴨子，你賠得起嗎？而且這五隻鴨子，都會說出自己的名字。』

　　高官聽到這裡，實在聽不下去了，他說：『師父啊，為了一隻鴨子，你硬是要我賠一萬兩，又說這鴨子要送給國師，真是越說越離譜啊。不然這樣，如果鴨子真的會講自己的名字，我賠你二萬兩銀子！』

　　咦？鴨子要怎麼說自己的名字？濟公師父就把五隻鴨子叫來，說：『來！說自己的名字。』

　　鴨子是怎麼叫的呢？『阿啊～阿啊～阿啊～』

　　濟公師父說：『聽到沒有，牠們講了自己的名字，就是鴨子啊。』台語的鴨子，讀音就是『阿啊』，來，你們 Google 一下，鴨子怎麼叫的。」

　　大家拿起手機，用 Google 查了鴨子的叫聲，真的，就是阿啊、阿啊，還真沒有冤枉這位高官。

　　師父說：「這位高官聽了，整個人都傻眼了，正要準備

要發作時，濟公師父說：『那你就輸我二萬兩銀子了。接下來就麻煩你把這幾隻鴨子送到京城給國師，就說這是西湖靈隱寺的濟公師父送的鴨子。』

高官一聽，兩腳都軟了，他這才知道眼前這位和尚，就是大名鼎鼎，連皇上都對他尊敬三分的濟公師父啊，要是濟公師父哪天跟皇上告上一狀，他的官位就不保了。（請見《故事禪：善待自己的一條路》書中『濟公娶妻』的故事。）高官的態度馬上就改變了，他客氣的說：『哎呀，原來是濟公師父，是我有眼不識泰山，我輸這二萬兩也不冤枉啊。』站在一旁的員外聽到這裡，更是嚇得膽戰心驚，想不到就連這麼顯貴的高官，也要乖乖聽濟公師父的話，他後來跟濟公師父說：『真是欽佩師父啊，連這樣的達官顯要、當地的一個惡霸，濟公師父也治得了他啊。』

後來高官果然把五隻和尚鴨送到京城，進獻給國師，還把其中的過程說給了國師聽，國師只是笑了一笑，也藉著這個機會，點化了這位高官，讓他明白濟公師父的禪機。這個達官貴人本來是個魚肉鄉民的人，卻沒有意識到自己原來的行為都在迫害鄉民，經過國師的開示，他終於大徹大悟，也開始吃素唸經，開始造福鄉民，成為一個愛護人民的好官，所以，這是不是濟公師父的功德呢？

　　濟公師父賺到了高官的二萬兩銀子，還有員外的四千兩，總共是二萬四千兩銀子，接下來就要拿這些錢去做功德了，濟公師父又繼續踏上他的旅程了。」

　　故事說到這，你們知道故事裡有什麼涵義嗎？

　　這故事裡的濟公師父，就好比是公司裡的老闆。在公司，話都是老闆說的，老闆今天如果說變就變，我們能夠不聽嗎？說實在的，我們也只能無奈的接受，我們沒有能力去改變老闆的話，就像濟公師父說和尚豬會唸經、和尚鴨會講自己的名字，這故事是師父講的，劇本也是師父編的，要是有人想要跟師父打賭這豬會不會唸經，他一定會輸啊，除非他有能力改變師父的劇本。

　　我們常常以為，我的人生是我自己要走的，但是老天會不會改變我們的劇本呢？

　　上天總是照著上天的劇本在走，就算我們想走自己的劇本，我們也改變不了自己的命，更是改變不了上天的劇本，但是我們能夠改變什麼呢？

　　我們仍然可以改變，用我們的情緒管理、用我們的自然之道，來改變我們的命。所以，不要跟上天對抗，在公司裡，不要跟老闆對抗，要學會「順聽」，不要折磨自己。

●順聽的意義

　　上天的劇本，自有上天的用意，我們的劇本如果與上天的劇本不一樣時，是要怨天尤人？還是要調適自己？就像在公司裡，老闆也有老闆的想法和視野，在下位的人必須等待，配合老闆的方向，看清楚老闆的方向，調整自己的劇本，去配合老闆做規劃。

　　上天的劇本雖然不會改變，但是我們可以改變自己的劇本，改變自己的結局。但是要如何改寫？就要用學習模仿，改變我們的心態和思維，變化我們的情緒，用奉獻付出，去改變我們的善緣，然後我們會有不一樣的布局、看法，這樣的劇本自然就會不同，這就是我們的自然之道。

　　講到上天的劇本，讓我們再聽聽師父說一個改編自網路的小故事吧。

　　師父說：「有一個人，總是在批評自己的老闆，每次老闆叫他做事，他就抱怨：『老闆為什麼要這麼做？他不應該這樣做，不應該那樣做。』

　　這時，他走到一棵柳丁樹的樹下，望著樹上的柳丁，他又隨口抱怨了一句：『奇怪了，為什麼樹上要結這麼小顆的柳丁，老天為什麼不讓這棵樹上結一顆大西瓜呢？』要是樹

上可以結西瓜，是不是種樹的人就賺翻了呢？

　　他的話才講完，樹上一顆柳丁掉了下來，剛好砸中他的眼睛，這時，他忽然醒悟了：『還好喔，掉下來這一顆如果是西瓜，我的頭就要破了，如果是榴槤的話，那就更慘了。』

　　他這才想到，哎呀，原來一切的安排都有上天的道理啊，所以老闆做的一切決定，也都有老闆的道理啊，就像你們來跟師父結緣，也是一切自有安排啊。」

　　在天地之前，人都是渺小的，看不懂上天的安排，只能落入怨天尤人的心情。

　　與老闆的視野相比，員工的所見所聞也是狹隘不足的，就算跟老闆爭了一個是非對錯，又能如何？

　　不如保持一顆好奇的心，不要急著下結論，也不急著判斷老闆的對錯，先試著聽懂老闆在說什麼，多一份的心思去想一想，老闆的擔心是什麼、他的責任擔子有多重，老闆對於將來的布局規劃是什麼。先接受了老闆說的話，再給自己時間去慢慢理解老闆的邏輯、思維，就能夠順著老闆的話語，去看見一個不同的格局，這就是順聽的做法和好處。

　　無論員工怎麼想，也不會改變老闆的劇本；只有員工自己調整、配合，才有機會在老闆未來的劇本裡找到角色。

　　我們今天遭遇的一切好壞，是上天安排的劇本，它不是獎賞，也不是處罰，那只是因緣際會的安排，所以我們需要順聽，那是順天的開始。我們需要的，是如何順天應人，不是逆天逆人，世界總是照著天地萬物的規律運轉著，一切都是因緣。

●莫入因果觀，順隨因緣觀

莫入因果觀

　　我們常常聽到人們說：「善有善報、惡有惡報，不是不報，時候未到」，彷彿我們遇上的每一件壞事，都是因為自己曾經做錯了什麼，所以我們容易把自己遇上的痛苦磨難，都當作是自己的果報。就像我曾經遇過一個百般刁難我的主管，當時每一次的部門會議都讓我罰站、挨罵，後來真的有人說那個主管是我的冤親債主，但是一旦相信了這個說法，誰還能夠甘願讓自己接受磨練、調整心態呢？

　　因果的觀點，會讓人們陷入無助的情緒、會陷入一個無法逃脫的心情，以為這就是終點了，會讓人失去信心，更加無法善待自己。果報的觀點，就像是一個籠子，會困住自己，難以堅強自己。

放開心吧，那籠子並不存在，因為今日的結果，造就了明日的因緣。

一念為善，日日為善，
一念轉變，因緣轉變。

順隨因緣觀

生命中的每一個起伏，都是因緣，順聽吧，昨日的淚水總是會乾，心中再多的痛苦感受，也都會過去，不如珍惜每一個當下，珍惜自己的每一份用心。

接納自我怨嘆的感覺，明白每一分情緒感受都是自然來的。

接納每一個苦難的感受，給自己一份看開的心情。

洗淨心情，放下怨嘆的念頭，因為啊，因緣時刻都在改變，明日因緣是善緣、或是惡緣，全都取決於當下的這一念，是順或是怨，是共好或是對立。

轉念吧，這籠子並不存在，過往的種種不是對錯，都是推著我們堅強成長的因緣。重新找回初衷，這人生隨時都可以歸零，每一天都是遊戲重來、都是新的開始，護持一份堅強的信念，明日的因緣終會改變。

　　把昨日忘去，讓今日做起，對明日望起，用這樣的信念面對每一天，自然的每一天。堅定護持著我們的心，慢慢習慣這樣的節奏，習慣放下情緒、恢復樂心、回復熱情。

　　人生很短，沒有時間折磨自己。
　　人生很長，更要學習善待自己。

【第十一課】換位思考，境隨心轉

●會生蛋的阿清

師父說：「處理了和尚鴨之後，濟公師父也離開了員外家，濟公師父繼續走著走著，看到一個人正在路邊洗內褲，這個人名叫阿清，做人啊，什麼事情都要清。

濟公師父喊著：『喂～這位施主啊，怎麼在這裡洗內褲？古時候都說男人洗自己的內褲是很沒面子的事啊，你怎麼自己洗啊？』

阿清支支吾吾的說：『我老婆……我老婆沒空啦，只好自己洗。穿了一個禮拜，不洗也不行啊。』

濟公師父說：『穿了一個禮拜？師父我穿一個月也不用洗啊。哎呀，不然你順便幫師父洗一下好了。』

阿清嚇得直搖頭：『我才穿一個禮拜就臭到不行了，師父穿了一個月還得了啊。』

濟公師父哈哈一笑的說：『欸～師父吃素的，比較清淨沒味道啦。』哈哈哈，這個濟公師父也是很喜歡捉弄人啊。

阿清說：『師父啊，我老婆的想法還沒開竅，她的嘴巴總是管不住，有什麼事情都藏不住，總是四處去跟人說，就

好像籠子裡的雞一樣，咕咕咕啼個不停，不知道要怎麼辦才好。我想讓我的愛妻改變，師父可不可以告訴我該怎麼辦？』

濟公師父說：『好！師父教你一個方法，晚上睡覺前，你就拿一顆雞蛋藏在身邊，如此如此，這般這般……。』濟公師父仔細的把方法說了一遍，阿清聽了點點頭，就回家準備了。

阿清回到家，看到老婆又在門口跟她的姊妹淘們說著八卦，他就準備照著濟公師父教的方法去做。

隔天一早，老婆叫著：『老公啊，起床囉，準備吃飯啦。』

阿清坐了起來，拿出昨晚藏在枕頭邊的雞蛋給老婆看，他故做驚訝的說：『咦？！老婆啊，我的屁股邊怎麼會有一顆蛋啊？難道這顆蛋是我生的嗎？我會生雞蛋耶！』阿清帶著調皮的神情，得意的笑著，把老婆逗得很開心。

老婆說：『別騙人了，人哪有可能會生雞蛋啦。』

阿清故做正經的說：『哎呀，真的啦，這顆蛋是我生的。那妳千萬不要跟別人說喔，絕對不可以講喔。』

聽阿清這麼講，老婆越笑越開心，她心裡想著：『我的老公怎麼這麼好笑，等一下我一定要去跟我的姊妹們講。』

阿清當然知道老婆的個性，他特別交代：『來，妳現在

發誓，說妳絕對不會講出去。』

　　老婆哈哈笑著說：『好！我發誓！我絕對不會說。』你們說，她會不會講出去啊？」

　　「會！」聽故事的大家異口同聲的說。「因為她的個性就是這樣啊。」

　　師父笑說：「這就叫做『明知山有虎，偏向虎山行』，你們也是一樣啊，明明知道這座山上有老虎，你們還想要冒險上山，你們躲得了嗎？

　　發完誓，老婆笑著進廚房做早餐，心情好得不得了，一邊煮早餐一邊還笑著，『等一下一定要跟好姊妹講這個笑話，太好笑了。』心情好了起來，她的菜也就越煮越好吃啊。

　　『老婆啊，妳絕對不可以講出去喔！』『不會啦，你放心啦。』

　　吃飽飯後，阿清又交代了一次：『妳絕對不能講哦！！』『好～！我絕對不講。』刻意交代了好幾次之後，阿清這才出門工作去了。

　　阿清前腳才剛走，他的老婆馬上三步併做兩步，出門去找她的四五個好姊妹們，講這個笑話：『跟你們說啊，我的老公今天一大早生了一顆雞蛋哦！！』

　　姊妹裡有一個叫二妞的，她說：『哎呀，別說笑了，你老公怎麼可能會生雞蛋。』

　　阿清的老婆說：『跟你們說啊，我老公特地交代我不可以講出去，妳們也不要說出去喔。』

　　話還沒聽完，二妞就連忙跑去找她的其他朋友講這個八卦：『聽我說啊，對門的那個阿清，今天早上生了兩顆雞蛋耶。』

　　朋友中有一個叫三妞的，聽了馬上又跑去跟五妞說：『聽說那個阿清早上生了五顆雞蛋耶。』

　　就這樣，八卦小道消息一傳十，十傳百，雞蛋的數量越生越多，消息傳到最後，竟然增加到了四十八顆蛋，因為八卦想要講得精彩，一定要加油添醋的嘛。

　　到了傍晚，阿清工作回家，鄰居們老遠看到他就喊道：『阿清啊，你怎麼這麼厲害，可以生四十八顆蛋啊。』

　　阿清傻眼，他說：『早上明明只講一顆蛋，現在怎麼會變成四十八顆蛋？哎呀，一定是老婆傳出去的，明明叫她不要講，果然還是講出去了，一定要回去修理她才可以。』

　　阿清連忙跑回家，一開家門就大喊道：『老婆！明明交代妳不可以講，現在怎麼左鄰右舍都知道了。』

　　老婆有點心虛，她說：『沒有啦，我只是想說這件事很好笑，跑去跟二姐講，說我們家以後不用花錢買雞蛋了。』

　　阿清生氣的說：『現在消息已經被傳開了，居然說我生了四十八顆蛋。』

　　老婆說：『哎呀，老公別生氣啦，我去問問看怎麼回事。』她自己也覺得奇怪，為什麼會從一顆蛋變成四十八顆蛋？

　　濟公師父這時上門了，師父告訴阿清：『別生氣，早上你的老婆說她不會說出去，你也相信了她，但是你愛不愛你老婆啊？』

　　愛不愛呢？當然愛啊，他的老婆也是深愛著阿清，兩個人的感情其實很好，只是老婆的個性，就是喜歡把新鮮的話題說給別人聽。現在造成了這樣的結果，濟公師父也對阿清的老婆說：『現在謠言傳出去了，妳想想看，妳的老公能夠忍受得了嗎？』

　　阿清的老婆說：『師父啊，我真的不知道事情會變成這樣，我知道自己錯了，我只是想說這個話題新鮮有趣。我也知道人不可能生雞蛋，我只是把這件事當一個笑話講給二姐聽，我說這是老公故意講給我開心的，誰知道二姐會當真，

還四處去對人講啊。』

　　所以啊，別人的一句話，千萬不可以隨便流傳，傳出去之後，一傳十，十傳百，有許多的謠言就是這麼產生的。

　　『傳言』是一件很不好的事，有許多人因為一句傳言，失去了自己原有的機會，如果你聽信了別人的一句傳言，你也可能會失去了自己的機會。」

　　阿清與老婆之間的對話，傳到第三者之後，造成了夫妻兩人的問題，這就是一個三角關係，雖然會形成問題，也可能是另一個轉機。

　　問題已經造成了，接下來，濟公師父要怎麼改變阿清的老婆呢？

●試著換位思考

　　師父說：「濟公師父對阿清說：『要改變你的老婆很容易，只要現在開始，每天煮一顆蛋給你的老婆吃。』

　　從隔天開始，阿清就照著師父的話，每天煮一顆蛋給老婆吃。你們想想看，阿清的老婆在吃蛋的時候，她的心情會是如何呢？

　　阿清煮的蛋，讓老婆想起了自己曾講過的話，想起了這

些話是如何造成了謠言四處的流傳，也造成了阿清的困擾，她的心裡一再的感到愧疚。

『哎呀，你老公怎麼這麼會生啊？每天都生幾顆雞蛋啊？』『喲，阿清的雞蛋到底是怎麼生出來的啊？』每天都有不同人的問這些重複的問題。

左鄰右舍的這些問題，讓阿清的老婆在吃下這一顆蛋的時候，更加的感到難過，因為這些問題都是自己引起的。

如果你們是阿清的鄰居，你們會不會問類似的問題啊？你們會怎麼問？」

師父先給大家三十秒鐘，自己想一想。

師父說：『一個人講話如果用在宣傳好不好呢？當然好啊，好的事情就要一直去宣傳。但是，如果是壞的事情，一旦傳了出去，你的名聲就要掃地了。時間到了，你們會怎麼問問題呢？』

看故事的你，不妨也想一想，你會怎麼問問題呢？

大家開始說自己的問題：

「你老公每天都在生蛋喔？」

「你先生怎麼這麼厲害，還可以自己生蛋喔。」

「你家裡的雞蛋是不是都吃不完啊？」……

師父說：「來，記住你們剛剛問的問題。現在角色對調，把你們的角色換做是阿清的老婆，讓自己融入角色，回答剛剛自己問的問題。

如果你是阿清的老婆，你的老公已經為妳煮了三天的蛋，說說看你聽到問題的感受是什麼？然後你會怎麼回答鄰居呢？」

角色從阿清的鄰居，轉換為阿清的老婆時，原本我們要問別人的問題，結果變成是我們自己要回答，從一個看別人好戲的角度，變成了一個犯錯的心情，如果是你的話，你會有什麼感受呢？是不是能體會到傳言的傷害了呢？

師父說：「你們聽看看師父的答案。

第一個問題，我的心情會是如何呢？

『我的確很愛阿清，但是今天卻因為我，而讓阿清受了委屈，這都是我自己造成的，我自己明白的話，我就要開始改變我自己。』

　　第二個問題，我要怎麼回答呢？

　　『當初啊，我是當作一個笑話跟二姐講的，阿清其實並沒有生雞蛋，希望大家幫忙宣傳一下，這只是一個玩笑話，造成了大家的誤解，我老公真的不會生雞蛋，請大家把這些玩笑話，就當作是放水流，都給忘記了吧。』所以啊，阿清的老婆接下來會不會改變呢？當然會啊，一個人總是要遇到困難，受到了痛苦、心態改變之後，他的個性才會改變。

　　濟公師父這才對阿清說：『阿清啊，你的老婆終於改變了。』

　　阿清說：『感謝師父教我的這顆蛋啊，但是這顆蛋也讓我受盡委屈啊，讓全城的人都以為我會生雞蛋啊。師父讓我經歷這一段路，讓我真正明白了老婆的可愛，也看到了她的改變，以後我不會自己洗內褲了，我改洗兩個人的內褲，不過我是跟老婆一起去洗的喔。

　　解決了阿清的煩惱之後，濟公師父又要繼續他的旅程，接下來，濟公師父身上帶著兩萬四千兩銀子，準備要帶著阿慶去走江湖了啊。」

　　藉著模擬角色的方式，師父讓我們體會了旁觀者，以及

傳話者的感受，濟公師父巧妙的利用一顆蛋的笑話，讓我們看到了人際關係中的三角關係。阿清、阿清的老婆以及旁觀者，如果能夠換個位置思考，境隨心轉，我們對人對事的感受就會完全的不同。

●不說是非，不道長短

師父說：「講到宣傳有兩種，一種是好的，一種是壞的。

我們既然是學濟公道的人，就不會說人的是非，濟公道只說別人的好。好是什麼呢？

好，就是一個女加上一個子，所以我們說的好話，都不談男女之間的問題，夫妻之間的私德問題，我們絕對不去談論，因為講到感情，在濟公道之中，就是自然。

就像看到東西，你想要吃，或者不想要吃，都是自然來的感受，所以啊，宣傳話語的好與壞，都只在一線之間。一定要記得：

在濟公道裡，不說是非，不道人長短，不看人高低。
在濟公道裡，沒有什麼真或假，也沒有什麼認知感受。
在濟公道裡，只有相處的熱情、親切和續航力。

　　所以每一天保持熱情，就會有完全不同的心態，所以今天講這個故事給大家聽，故事到此結束。」

【第十二課】不依賴神佛，不埋怨人生

●孝子阿慶

　　人生的心思感受，不一定要在高潮起伏的情節之中才會有感受，看似平淡無波的生活，也可能會有著完全不同的轉折心情。

　　師父說：「濟公師父帶著前一戶人家奉獻的銀兩，繼續踏上旅程，是為了準備建起師父自己的濟公廟，這一天，師父遇到一位孝子，他的名字叫做阿慶。

　　阿慶見了濟公師父，就向濟公師父訴苦說：『師父啊，我的父親身體一直不好，重病在床，我的母親的腳也不方便，無法行走。我每天努力工作，工作賺來的錢，都用來照顧父母，身上的錢只是勉強夠用，一點儲蓄也沒有，有的只是一塊祖產的地。』

　　濟公師父說：『師父正準備要找一塊地來建廟，不如你把地賣給師父吧。』

　　阿慶聽了相當心動，但是他的父親曾經告訴他：『這塊地是我們祖先留下來的地，絕對不可以賣掉，你要把這塊地

繼續傳承下去才行。』因為這句話，阿慶不敢自己作主。

　　濟公師父又說：『師父願意出五千兩買下你的這塊地，你好好考慮吧。』

　　五千兩！這麼一大筆錢可以讓父母過上好日子，也可以用來改善自己現在的生活，但是又不好違背父親的意思，使得阿慶左右為難。見阿慶做不了決定，濟公師父就暫時先離開了。

　　隔天，濟公師父又來了。『哎呀，有沒有人要賣土地啊，五千兩跟你買啊。』濟公師父故意在阿慶的家門前這麼叫喊著，還故意找了幾個朋友，在一旁擺了滿桌的山珍海味，一群人熱鬧的吃肉喝酒，邊吃邊叫喊著：『有沒有土地要賣啊。』

　　連著五天，濟公師父都這麼邊吃邊叫喊著，每天阿慶經過的時候，想到自己努力工作，也沒能讓父母吃上一頓山珍海味，要是能把土地賣了，他就更能為父母盡一份孝心。

　　但是父親仍是交代阿慶，這塊地絕對不能賣，濟公師父為什麼要用這種方法折騰他的心呢？

　　阿慶去找濟公師父說：『師父啊，您別為難我，我的心裡很苦，我想要賣地，但是父親不答應，我要怎麼辦呢？』

　　濟公師父說：『怎麼辦呢？不然讓你重病的父親早一點脫離苦海，駕鶴西歸，那你就可以賣地了，你覺得如何呢？』

　　阿慶驚慌的說：『那怎麼可以，師父您怎麼可以這麼說呢？千萬不可以啊。』

　　濟公師父笑了笑，『不然要怎麼辦呢？師父再等你三天，如果你還是做不了決定，師父就要找別人了喔。』」

　　故事裡的濟公師父，並不是在詛咒阿慶的父親早死，那其實是在提醒阿慶，行孝要及時，不要等到父母過世了，才來後悔。

　　師父繼續說：「這阿慶還是天天的左右為難，也去勸父親改變心意，父親更堅決的回答：『絕對不能賣，就算是我死了，這塊地也不能賣。』

　　這三天之中，阿慶的心情好受嗎？一方面想要給父母好日子過，一方面又不能違背父親的話，他的心情有多麼折磨，這段故事講的是人性，雖然沒有什麼高潮起伏，裡面都是內心戲。

　　最後，阿慶仍然是個聽話的孝子，沒有做出任何決定，於是濟公師父就離開了。

　　阿慶終於回歸原來平淡的生活，不再有人催促他賣地，但是他的心裡已經無法像過去那樣的平靜，這一陣子的左右為難，讓他的心裡留下了一個難以磨滅的想法。

　　一個月後，濟公師父果然在附近買了一塊地，並且也開始動工蓋廟。

　　又過了一個月，阿慶的父親重病過世，而他的母親也因為年紀太大，承受不了心裡的悲傷過度，也在短短幾天內去世了，阿慶的心情更加的傷痛。

　　處理完父母親的後事，阿慶專程去找濟公師父說：『師父啊，我們家這塊地可以賣了。』

　　濟公師父說：『但是師父已經買了地，而且廟也正在蓋了啊。』

　　阿慶感到失望，他只好繼續守著父親的那一句話，不可以賣祖產，他繼續每天工作，但是他的心情已經無法回到過去。過去雖然賺的錢都用來奉養照顧父母，那就是自己盡孝的心意，也是自己的責任感，對他來說，盡孝正是他的動機，也是他的滿足，所以他才是孝子啊。

　　現在，父母親不在了，他再也無法盡孝了，即使賺的錢足夠養活自己，雖然生活上是更好過了，他卻覺得失去了自己原來的快樂和滿足。

　　有一天，阿慶帶了一些酒菜，去找濟公師父喝一杯。阿慶說：『師父啊，恭喜您的廟終於建成了，如果當初買的是我們家這塊地，現在應該也已經蓋好了。師父啊，我想了又想，既然父親交代我不能夠賣祖產，那我就把這塊地捐給師父吧，我想要離開這裡，重新開始我的人生。』

　　濟公師父笑說：『哎呀，你終於想開了啊，這座廟既然建好了，師父也準備要去走江湖了，既然你決定放下，今後你就跟著師父一起走吧。』」

　　濟公建廟，就是一個因為人性而起廟的故事，師父一句話說：「濟公師父所做的一切，總是讓人不滿意，總是要出一個難題，讓你們的心中感到左右為難，這其實要讓你們明白，你們的人生其實是有選擇的，這選擇要靠自己去分別。

　　不管你們是要聽濟公師父的建議，還是要聽別人的想法，如果沒有自己的承擔，如果無法勇敢做出自己的選擇，那就只能繼續左右為難，繼續在魚與熊掌不能兼得的困境中痛苦煎熬。

　　如果師父是這位孝子，師父會把地賣掉；有了錢可以做更多的事情，讓父母的餘生過更好的生活。就算地賣了，也不需要讓重病的父親知道，這就是自己的選擇與承擔。

如果是你，你會怎麼選擇呢？

你的心情會是如何呢？

如果你能體會這樣的心情，那就是融入角色的感受了，就會明白故事的精彩之處了，這次的故事就說到這裡，下次要繼續講濟公師父帶阿慶去闖江湖的故事。」

●看見自己的心

在許多的時候，我們以為路只有一條，以為這就是上天的安排，然後在這條路上無奈的接受上天的安排，或者是埋怨人生。

其實，走別人給我們安排好的路，就是人說的「舒適圈」，總是照著別人的決定做事，自己像個不沾鍋；明明是自己的車子，卻把方向盤交在別人的手中，然後一切事情的結果都怪罪別人，還以為與自己無關。把人生的好壞結局都交給了別人決定，這才是我們不快樂的原因。

「老婆要我早點回家，所以我不能跟同事聚餐吃飯，所以我沒有社交生活都是老婆害的。」

我其實可以選擇，我可以選擇好好的表達動機，也可以帶老婆一起去，讓她一起參與，也做自己的決定，而不是屈服於害怕別人生氣的情緒裡。

「哎呀，我花了這麼多的時間在廟裡，老婆可能會生氣，我下次濟世請個假好了。」

以前我曾這麼自己想過，雖然老婆沒說，我也曾經這麼擔心，但是，跟隨師父學習的動機，是為了自己成長，也幫助家人一同成長，這些年來，我的確有了改變，和老婆的感情也一天好過一天。

與其擔心在家的時間不夠，我做出的選擇是，在家陪老婆的時候，更用心的對她好，更用心的與她相處，讓她感受到幸福，這樣的選擇對我的家人才是更好的選擇，這就是我的選擇與承擔。

這就是師父的教導，要為自己找一條更好的路來走，不需要左右為難，也不需要煩惱魚與熊掌不能兼得。

孝子的心，是左右為難的心，看見自己的心，就是開始醒悟的起點。

●神佛之助

師父說：「人生遇到難過失意的時候，不要失志。

師父也曾經失意過，以前，師父曾經幫助一些門生，讓他們的事業興旺，讓他們在一個月內就能夠做到幾百萬的業績，到最後，他們卻不知感恩，也沒有啟動學習與改變，導

致事業的成就無法延續，到最後一個一個離開，甚至還會埋怨師父沒有幫忙。

現在，師父明白，神佛對人絕對不能用感情，如果神佛直接幫助他們成功，給他們神蹟，那是在害他們，因為師父沒有讓他們啟動、沒有教他們依靠自己在失敗中爬起來，他們永遠也無法站穩腳步。

所以，身為師父的門生，每一天都要經過痛苦，但是更要擁有面對每一天的快樂。」

濟公道的道路，就是跌跌撞撞的路，總是跌倒了，再靠自己爬起來；但是，正是因為能夠不斷的在跌倒中爬起，我們才會一天比一天的強壯、長大。

這樣的實力，是屬於自己的實力，是不求神佛賜予的實力。

師父說：「你們許多人現在都被經濟壓力壓得喘不過氣，現在還笑得出來嗎？你們就是要笑得出來。

有的人仍然在追求神佛幫助的感受，問題是，如果師父幫助了他們，讓他們得到了一時的成就，如果他們的根基還沒有打穩，如果他們的心裡沒有感恩之心，又不懂得奉獻付

出，不知道如何做起自己的福德與功德，更不知道要啟動自己的學習和改變，到最後終究無法長久，最後還是會害了他們。

　　所以，在你們成功之前，一定要受苦。」

　　濟公之道，是自由自在的道。

　　凡事不需要依賴神佛，自己成長的責任與神佛無關，也與別人的肯定或批評無關。在成功之前，我們必須受盡磨練，磨盡一身的傲氣，然後學會放低自己的身段。

　　放低了身段之後，我們才容易聽見別人的話、聽懂別人的話，聽明白師父的教導是為了什麼，才會明白一切都是上天的安排，能夠靜待上天的劇本安排。

　　堅強自己，就會明白：接受別人的安排，並不是貶低自己，而是為了讓自己發揮更大的價值，是為了配合演出。

　　痛苦，可能是因為還沒有準備好要調整自己，可能是因為正在成長的路上，還需要時間準備好承擔更大的挑戰和責任。沒有痛苦，就沒有改變。

　　相信自己，不要放棄自己，不要失去志向；堅持這一條路，堅持跟隨自己選擇的道路。

【第十三課】是非心，生是非

●阿慶救人

師父說：「上次說到那位孝子，阿慶說要把祖產都捐給濟公師父，濟公師父說要帶著阿慶去走江湖，隔天就動身出發了。他們走到一座橋邊，看到了一對兄弟，兩個人長得很相像，奇怪的是，兩個人不知道為什麼互相推擠著，推擠之中，哥哥忽然從橋上摔到河裡，阿慶於是趕緊跳進河裡，把哥哥救上了岸。

這時，橋上的弟弟很不高興的喊說：『你是誰啊！為什麼要多管閒事！？』但是阿慶看到有人落水，怎麼可能見死不救呢？一定要出手救人的嘛。

被救起的哥哥，他本來就不會游泳，上了岸後，他非常感謝阿慶的救命之恩，於是邀請他和濟公師父一起去到家裡吃頓飯。

橋上的弟弟，這時臉色相當難看，這是為什麼呢？阿慶的心裡感到納悶。

去到家裡，哥哥熱情的說：『師父啊，讓我幫您準備素菜吧。』

濟公師父趕緊搖搖手說：『不不不，雞鴨魚肉都端上來沒關係，師父不忌口的。』

哥哥心想：『怎麼這麼奇怪，哪有和尚不忌口的呢？難道他是西湖靈隱寺的濟公師父嗎？我的運氣有這麼好嗎？不可能的吧。』

既然師父這麼說，哥哥就去準備了雞鴨牛羊的菜色，要答謝濟公師父兩人的救命之恩。

弟弟這時生氣的走了進來，他說：『你們兩人來這裡做什麼？誰要你們多事救我大哥的？他自己會游泳啦，哪裡需要你們救他？』

奇怪了，怎麼弟弟反而責怪別人救他的大哥呢？難道他真的想要謀害大哥嗎？為什麼他這麼凶呢？

各種好菜端了上來，阿慶吃得很高興，濟公師父說：『阿慶啊，雖然救人是件好事，但是這一頓飯可沒有那麼好吃啊。』

阿慶疑惑的說：『師父啊，這話怎麼說？我覺得很好吃啊，從來沒有吃過這麼豐盛的菜色。師父您看，這道雞肉和鴨肉很好吃，我幫您挾幾塊肉，趕緊趁熱吃。』做為一個孝子，阿慶的本性就是善良。

見到大哥上桌要吃飯，弟弟還是一副生氣的模樣，轉頭

就離開了。

　　見到兄弟兩人不和的樣子，阿慶覺得奇怪，哥哥於是說：『你們也看到了，我的弟弟把我從橋上推到河中，有些話我不方便說，弟弟和我正為了家產的問題爭執不下。

　　家父剛剛過世，父親留下了一塊土地，交代要由弟弟和我共同持有，十年之後才能夠平分這塊地，如果我們兩人，有人先過世，土地就完全屬於另一個人，父親也是為了我們兄弟好。

　　但是你們剛剛也看到弟弟把我推下橋，要不是遇到你們，我可能早就沒命了。』

　　濟公師父說：『哎呀，聽到你這麼說，師父也很感動，對於你的體會師父也能認同，但是，你說的話，師父聽了好像鴨子聽雷，不知道要怎麼感受。』」

　　你們仔細聽聽濟公師父的話，哥哥的話語之中是不是有些玄虛呢？

　　阿慶繼續對濟公師父說：『師父啊，這個弟弟實在是存心不良，他怎麼可以做這樣的事情，我們應該要幫助哥哥，解決他的問題。』

　　濟公師父搖搖頭說：『阿慶啊，師父帶你出來是為了看

江湖，不是為了讓你處理事情，你只要看就好。如果你硬要參一腳，日後你就免不了要沾惹上因果循環哦。』

阿慶堅持的說：『不行！我一定要處理這個問題。』

不願聽濟公師父說的話，阿慶會怎麼做呢？」

●最難斷是家務事

你是否曾經試著去當個和事佬呢？為什麼有的時候，反而會公親變事主呢？

師父說：「阿慶自小就是獨子，他沒有兄弟姊妹，不曾體會過什麼是兄弟之情。弟弟這一天的表現，讓他認定了弟弟就是存心不良，他很生氣的跑去找弟弟理論。

阿慶說：『你怎麼可以做這種事啊？你白天在橋上，是不是有心要害你大哥啊？』

弟弟回答：『我並沒有要害大哥，今天在橋上是他自己摔下去的，我為什麼會這麼生氣呢？那是因為大哥做的事情，讓我無法認同，我的父親是被大哥害死的！現在大哥還想要害死我，好霸占我的土地。

我叫你不要多管閒事，那是因為，我認為他摔到橋下是上天給他的處罰。因為當初父親生病的時候，大哥每天都弄一些生性寒冷的食物給父親吃，讓父親的病情加重。

　　有時他還會說我不好，說我要害他的生命，說實在的，我現在無妻無子，我要財產有什麼用？我現在只有一個心思，就是把母親用心的照顧好。』

　　聽完弟弟講的話，阿慶又亂了主意，他問濟公師父：『師父啊，怎麼會這樣啊？』

　　如果你是阿慶的話，聽到兩邊各說各話、各有各的道理，你們要怎麼辦呢？

　　『阿慶啊，師父不是告訴過你了，我們是要來看事情，不是來處理事情，在那些恩恩怨怨的背後，你不會明白在每一句話的背後，有著什麼樣的隱情。不然你去問問大哥，為什麼他要煮性寒的食物給父親吃？』

　　阿慶馬上去找大哥，大哥則說：『當初我父親生病的時候，我買的可是最高級的天山雪蓮，藥鋪老闆說在寒冷的時候，就要吃這個性寒的藥物，才能把肺部的病情壓制下來，後來我的父親卻是因為胰臟的病情惡化，才一病不起。

　　你如果不說，我哪裡想得到，弟弟竟然會因此誤會我要害死父親。你看當初我從橋上掉下去，要不是你救了我，我已經死在河裡了。』阿慶這個時候，他的頭更暈了，他又回去找濟公師父，師父說：『不然你再去問問弟弟，為什麼當時在橋上，為什麼他不救哥哥？』

　　阿慶再去找弟弟，弟弟回答：『我哪裡不想救哥哥呢？我那時有叫你不要動，因為我正準備要跳下去，誰知道你不聽我說話，就自己跳下河去了。這條河的水流很危險，我很清楚，我是怕你會有危險啊。

　　我自己的大哥從小到大一起長大的，我怎麼可能不救他呢？所以我才會罵你多管閒事啊。』

　　阿慶這下子，完全不知道要怎麼思考了，到底要怎麼判斷呢？

　　濟公師父這時說：『阿慶啊，你明天把兄弟兩人都請來，看師父怎麼處理吧。』

　　隔天一早，兩位兄弟一起來到濟公師父面前，濟公師父說：『你們兩兄弟啊，一句話說來說去，卻都沒有把真心話講出來，阿慶啊，把你昨晚聽到的話講一遍給他們聽。』

　　阿慶於是把昨天自己聽到的對話，都講了一遍。

　　濟公師父說：『你們自己聽看看，你們一開口講起話來，就在講對方的不是，你們有沒有財產啊？都有嘛，但是十年之後才要分家產嘛。但是弟弟卻以為大哥是為了要搶奪家產，才想害死他。』

　　大哥說：『我沒有這種念頭，父親留這麼多的財產下來，

我只想要好好的照顧弟弟和母親，畢竟我是大哥，我對他們就是有一份責任。

為什麼我對弟弟會有抱怨呢？因為他的心裡不管有什麼想法，都不願意直接告訴我，總是透過別人傳話給我，日子久了以後，我對弟弟就有了抱怨與責怪的心情。』

濟公師父說：『所以，你們兄弟兩個都不是為了財產，而且都有一個共同的目的，就是要照顧你們的母親。從現在開始，弟弟以後想要什麼，心裡有什麼話，都要站在哥哥身邊，自己好好的說吧。』

於是弟弟走到哥哥身邊，把這陣子心裡的話一五一十都講了出來，兄弟之間的誤會終於都解開了。

濟公師父對阿慶說：『你看，弟弟這時說出來的話，大哥聽懂了，大哥講的事情，弟弟也明白了，兩個人不再有誤會，也不再聽別人的傳言，兩個人以後的感情就會不一樣了。』

事情終於得到了解決，兄弟兩人說要殺一隻羊來答謝濟公師父和阿慶，阿慶說：『阿彌陀佛，這次我不敢吃了，吃了之後又要處理人家的家務事，我可不要啊。』

故事到這裡，你們看，濟公師父講的話，和阿慶所講的話，有什麼不一樣呢？

阿慶心存慈悲，容易感情用事；而且阿慶不曾體會過兄弟的感情，不明白兄弟之間可能會有的情分。

但是濟公師父是明白的，他知道這兩人就是溝通方式不對，弟弟是一定會救哥哥的，兄弟之間本來就沒有什麼仇恨；而弟弟是誤信了別人的話，以為哥哥故意拿性寒的食物給父親吃，卻又不肯自己去求證。

而哥哥則是生氣，弟弟為什麼寧可聽信別人的話，也不願意自己來求證明白。

濟公師父說：『阿慶，你看啊，這就是人性。人啊，原本深厚的情分，卻會因為別人的一句話，而弄到反目成仇；但是也會因為師父的一句話，而能夠相親相愛。』

阿慶聽明白了，再次和師父繼續他們的旅程。」

一句話，能讓人反目，也能讓人和好如初，我們怎麼能夠不慎言開口呢？

●莫用慈悲心

師父說：「在這個故事裡，如果沒有濟公師父的居中協

調，最後一定會變成兄弟相殘的結局，雖然阿慶有份善心，但他的慈悲心反而讓兄弟兩人加深了仇恨。

幸好有了濟公師父的一句話，才讓結局有了改變。所以，一個人的慈悲有時會害死人啊。」

慈悲心，讓阿慶陷入對人的同情情緒裡，光是聽人一句話，就判了別人的是非對錯，用慈悲情緒做事，更是容易害人害己。

是非心，生是非。

濟公師父不帶慈悲心，只是自然無心的引導對話，也不帶著預設立場，事情自然就能夠講明，我們如果想要解決問題，這顆心就要像一張白紙。

如果一顆心總想著要分出誰對誰錯，想著要懲惡揚善，最後必然會造成對立相互傷害的結果。

一句話說出口之前，要明白自己的動機，是要解決問題，還是要發洩心情，不要輕易的以為，自己看得懂別人的心思想法；在這世界上，多的是我們不知道的事情。

師父說：「濟公道的人，凡事要不聽、不言、修口；凡事忍耐，凡事等待。」

　　不要輕易聽信別人的話，不要因為一句話而起了情緒，更不要用情緒說話。聽進心裡的這一句話，要有能力把它洗清，洗清了情緒之後，就不再需要忍耐，能夠自然的等待，然後說出口的話才能夠解決問題、洗清誤會。

　　這一課的故事告訴我們，慈悲心讓阿慶捲入了兩兄弟的是非之中，相較之下，濟公師父的自然無心就顯得格外不同。

　　阿慶聽了哥哥的話，就倒向哥哥的立場，聽了弟弟的講法，就倒向弟弟的那一邊；他被慈悲心牽著走、他被善惡的情緒牽著走，什麼事情都用善與惡的角度去分別，所以失去了自己的思考，也沒有自己的動機，就無法像濟公師父依樣當一個淡定的旁觀者。

　　如果我扮演哥哥的角色，當我聽到弟弟的看法是如此誤會著我的時候，我又要如何當一個淡定的旁觀者呢？

　　拿掉心中的慈悲心，慈悲心就是一種情緒，一切都要自然而無心。

【第十四課】自我的光亮就是宣傳

●做生意要靠宣傳

接著，繼續說阿慶的故事。

師父說：「阿慶跟著濟公師父繼續走著，看到一個人在賣蘋果，別人一顆蘋果要賣二兩，這個人竟然只賣五分錢，更奇怪的是，竟然沒有人要買。

濟公師父叫阿慶去買一顆來吃看看，阿慶吃了幾口，說：『哇，很好吃啊，這麼好吃的蘋果怎麼沒人買啊？』

好吃又便宜的蘋果，為什麼會沒有人買呢？五分錢的蘋果沒人買，外面一顆二兩銀子的蘋果卻是熱銷。為什麼啊？」

「便宜沒好貨嘛。」有人這麼回答。

師父笑說：「是啊，大家都這麼說嘛。

濟公師父就問老闆：『喂喂，你的蘋果這麼好，為什麼沒有人來買？』

『自然啊。』老闆這麼回答著。

　　濟公師父叫阿慶去買外面一顆二兩的蘋果來吃，阿慶吃了一口，搖搖頭說難吃。

　　真是奇怪啊，怎麼會這樣呢？

　　到了第二天，老闆又摘了新鮮的蘋果，現在蘋果的數量從一籠變成了十籠，可是沒有客人來買，實在很可惜，阿慶看了覺得好心痛。

　　濟公師父說：『你看，這麼好的蘋果，沒有人幫他宣傳。阿慶啊，你去跟老闆講，我們出十兩，把果園的蘋果全部買下來，我們自己找人來摘，自己去賣。』

　　老闆聽了，會答應嗎？當然答應啊，因為他什麼都自然嘛。

　　於是阿慶找了人手，花了五天的時間，摘了三千顆蘋果。蘋果摘完，濟公師父帶著阿慶去市場賣蘋果，濟公師父定出了價格：『四顆蘋果賣一兩』。

　　濟公師父跟客人說：『來來來，試吃看看，如果不甜就不要錢啦。』

　　果然每一個試吃的客人都說好吃，都掏錢出來買蘋果。如果是你，你會不會買啊？好吃，會不會多買一點啊？當然會嘛。

　　你們看師父是不是很會做生意啊。

三千顆蘋果沒多久就賣光了，阿慶驚訝的說：『師父啊，您怎麼這麼會賣蘋果啊？』

濟公師父說：『不是師父會賣，而是師父在五天前就已經四處對人說，五天後會有好吃又便宜的蘋果可以買，那是師父不斷的宣傳，才有今天的結果啊。』

最後，蘋果園的老闆聽到這個結果，他也覺得很高興，因為他不缺錢，也沒有興趣做生意，只要蘋果大家喜歡吃，他就覺得開心了。

濟公師父說：『以後你的蘋果都賣給師父吧，價格好商量啊。』

在這次的故事裡，阿慶學會了什麼叫做宣傳。千萬不要只靠自然啊。」

想要好的結果，不能只期待上天自然的賞賜，一切仍是要靠自己的付出和努力。

●說話與應對

這次濟世來參與的人數比較少，大概比平時少了一半，師父問：「今天來的人多不多啊？」

「大概比平時少了兩三人。」靜筆師兄實在又不失幽默的回答，讓大家都笑了起來。

師父點點頭說：「回答得好啊，這個回答很得體，難怪他在公司的地位可以屹立不搖，這也是你們要學習的地方。剛剛他的回答：『少了兩三人』，點出了重點在於『少』，至於數字多少其實不重要。」

因為數字不重要，所以可以故意美化，靜筆師兄只講兩、三人，雖然知道這數字不對，但師父聽了也開心，在公司面對老闆時，也可以應用這個方法說話。

要注意說話的重點。

師父說：「所以，你們講話就要知道把握大方向的說話重點，而不要盯著小地方的細節，如果看事情總是從小處開始講起，那麼你們對於每一件事就會永遠看不清楚大局、聽不完、也說不盡，彷彿是在講古一樣。

如果一個人講述事情，像是在講古一樣，那就會沒完沒了，永遠講不到重點。

所以做事情，不能像講古一樣；但是做人可以像講古一般，好像師父常說，做人就要實在，但是不能太老實，所以偶爾要講點故事。

　　說到講古，講古可以一直講下去，因為講古可以讓自己的人生、希望變得不一樣；從今天的失志，到明天的希望，後天又失敗，改天會一敗塗地，哪一天又成為了富翁。

　　但是，這麼講下去，總是幻想著未來會多麼好，這其實是一種自我虐待，增加了內心的期待，也製造了失望的可能，讓你的心無法活在當下。

　　今天只要有一碗飯、一杯酒、有一隻雞腿可以吃，就可以感到滿足了。如果你們知道滿足二字，知道要放下未來的光景，你們的心態就要學著改變。

　　就像有人說你未來可以賺一千萬，但是你現在偏偏還虧了五百萬，那麼你的心情要如何看待？

　　又好像如果有人說，我們的廟以後會有超過一萬人來參拜，但是現在這裡的人數不超過五十人，師父的心情會是如何？

　　靜觀，未來一萬人，有可能嗎？」

　　「有可能啊。」我傻乎乎的回答。

　　師父說：「狂妄自大啊～，一萬人是多麼興旺啊，聽不下去、聽不下去啦。

　　如果有人問以後我們的廟會不會有一萬人，聽聽師父怎

麼回答：『一萬人喔，這個數字你說得多了點，我們說話比較實在，以後我們廟裡有個一千人來參拜，應該也不過分吧。』

　　講一萬人太過遙遠，一千人聽起來就比較實在了，師父還加了三個字：『不過份』。這三個字就像是汽車的 ABS 系統，讓車子的煞車踩下去又能保持平穩，有時吹噓自己也需要有個緩衝擋一下，免得吹牛吹過了頭。

　　所以做事、講話就要準備 ABS，什麼意思？就是做人要懂伸縮、能屈能伸，應對要軟 Q。一個人講話還是要稍微吹噓一下，不吹噓就少了一點精彩。

　　你如果不懂得講話要有吹、捧、噓，就不容易得到別人的好感。

　　就像你們頭一次來見師父，就會知道師父有多麼靈感嗎？當然不可能，這就要靠你們的吹捧噓。

　　先吹一下，說一下師父是怎麼教導的，引起別人的好奇，讓他們想來見識一下師父的靈感。

　　再捧一下，『告訴你啊，師父是多麼厲害啊……』，哎呀，也不知道是真的還假的。

　　最後是噓，就是自己再稍微修飾一下，調整一下講話的內容和狀況，補充一些自己的體驗和事蹟。

　　這樣你們就知道怎麼出去與人應對了，雖然你講出來的話之中，有一些比較虛的地方，但是你做的事情，是在製造未來的希望。」

　　吹捧噓，用在生意上，是與人拉近關係、製造合作機會的方法，用在廟裡，就是一種宣傳的方式了。

●廟的經營靠宣傳

　　師父這時又望向我：「靜觀啊，所以今天來的人太少要怎麼辦啊？」

　　「自然啊。」我還是傻傻的回答。

　　師父拉高聲調說：「自然？光靠自然，人就會來嗎？如果什麼事情都講自然，那麼商人的生意就不用做了。

　　要明白分別，如果是讀書、如果是學習模仿，可以自然，但是做生意的時候，廟裡的人多人少可以自然嗎？當然不能。

　　除了師父的神威要發揮之外，你們更要知道宣傳。

　　所以人少的時候，就要知道宣傳。如果不做宣傳，每天卻要期待生意會好，這樣有可能嗎？

　　一間廟如果不做宣傳，當然不會有人來參拜，雖然有人

會為了師父的神威來參觀，更需要他們的奉獻、付出，如此一間廟才會興盛，才能留下好的人才。

　　因為宣傳，所以人們會來買商品，會來到廟裡參拜、奉獻，這就是宣傳的感受，自己要明白體會。」

●濟公道的光亮

　　師父說：「不要因為別人的話語而定點，別為了在意別人而定點，濟公道從來不會在意別人的話！濟公道就是自由自在、自我發光。」

　　明明應該要往前進，應該要完成自己的事情，卻因為在意別人的一句話，而猶豫、停留、生氣，這就是定點，讓自己停在原地糾結對錯，無法繼續前進，更忘記了自己的動機。

　　別人的認同，就像是別人在幫我們打光，但是，濟公道不需要別人打光，濟公道是自我發光。

　　濟公道的人總是點亮自己，點亮的方法，就是想起一句話：「如果是濟公師父，濟公師父會如何處理？我是濟公道的人，那麼我又要如何處理？」

　　堅持照亮自己、讚賞自己，這是自我的發光，照亮了缺點之後，就是調整未來的下一步而已，就是這麼自由自在。

師父說：「凡事點亮自己，也點亮別人，不要對別人吹毛求疵。

就像是門生來廟裡，沒有穿制服有什麼關係呢？一切自然就好嘛，別人總是會有不方便的時候，又何必要為難別人的不方便呢？

不管是在家裡或公司，都不需要吹毛求疵，就像去漢堡店裡吃漢堡，漢堡要不要加蕃茄，肉要不要煎，別人做漢堡就有別人自己的方法，何必為了這種事情吹毛求疵呢？

別去在乎別人的傷害，因為別人還不懂濟公道，但是我們懂事了，濟公道的人，就要更有度量。我們不要傷害別人，尤其是自己深愛的人。

我們已經長大了，我們是濟公道的人，就要做出不一樣的態度。

不必跟還沒有學會濟公道的人，一直為了『分』和『釐』而計較，不要去跟別人爭一分一釐，別人對你是什麼樣的態度，你自己明白感受，就要學會怎麼處理自己的感覺。

在公司、在工作時，問問自己，你愛不愛惜這些員工和同事？疼不疼愛你的老闆？去問自己一下，你是濟公道的人啊，不要去跟他們計較。」

發光，是為了照亮自己，也要照「亮」別人，而不是照「黑」別人，黑的都是背景。

在別人的話語之中，去尋找對自己有益處的觀點，這是照亮自己。

包容別人，用我們的動機、善心去引導他們改變，這是照亮他們。

師父舉了一個例子，當我們在吃火鍋時，服務生端了火鍋料菜盤出來，我們看到其中有一片胡蘿蔔乾透了，而且發黑，這明顯是餐廳的疏失，這時不需要責罵，而是可以教導他們。

師父教我們這麼講：「這片蘿蔔太乾了喔，以後多注意點，你幫我換一下。這件事需要我跟你們店長說嗎？我想應該不需要吧。」

用這種方式教導他，這個服務生以後就會深刻的記得，這就是我們對他的提拔，這也就是我們濟公道照亮別人的方法。

又像是師父教導我們的時候，如果先想到：「啊，這個好難。」這是在照黑自己，如果能反過來，告訴自己：「好！

我要開始做！」這就是照亮自己，這就是自我光亮的方式，
這就是不一樣的態度。

　　前段日子我在工作上，遇到一些挫折，感覺失去了工作
的目標、重心，不知道自己是不是做錯了什麼，也失去了原
來安定的心。

　　師父對我說：「靜觀，師父覺得你的樂心不見了，你做
事的樂心不見了，因為想得太多。

　　未來要怎麼做？要做什麼？其實不需要擔心，你原本是
懷著樂心去工作，現在卻為了結果好壞，而有了分別，那是
因為你想要得到別人的認同。

　　錯了，你的努力工作不是為了得到別人的認同，而是為
了你自己認同的價值和目標，你要有這樣的觀念。

　　如果總是想要別人認同，和別人溝通的時候，就容易因
為別人的一句話，而讓你的想法動搖、信心受到挫折，其實
身邊的人都是你的良師益友，包括你的老闆、朋友、你的另
一半。

　　難道只有給你活水的才是良師益友嗎？難道他們不能給
你死水嗎？不要用惡意的角度去理解別人的話，要用善意的
角度去理解。

當別人說的話，聽起來像是死水的時候，就把它當作是一種黑暗的背景，別人只是背景而已，難道別人是主角嗎？當然不是，你才是主角。

當你的背景越是黑暗，是不是越能夠襯托主角的光亮呢？如果你能夠這麼想，是不是就會快樂了呢？」

所以，要如何宣傳濟公道呢？

我們自己的做起，我們的自我光亮，就是最好的宣傳，要做到讓別人能夠感到好奇、能夠認同，能夠改變別人對待我們的態度，能夠感受到我們的光亮、熱度，能夠從我們的家庭、工作做起，有緣人自然就會來到。

這就是濟公道的自然無心、自我光亮。

【第十五課】啟動自我，絕不放棄

●一分耕耘、一分收穫

師父繼續說故事：「賣完了蘋果，濟公師父帶著阿慶繼續旅行。

來到一處地方，忽然有個員外熱情的喊著濟公師父：『聖僧師父啊，歡迎您來到這裡，請來我家讓我招待幾天，還有這位少年郎也歡迎一起來啊。』於是兩人隨著員外去了。

隔天一早，員外的一個好友聽說濟公師父在這裡做客，就騎著一匹上好的馬來找他和濟公師父聊天，從早上八點一直聊到晚上八點，就這麼連續聊了好幾天。奇怪的是，每一次員外的好友到達之後，員外的僕人就把馬牽去別處。

過了兩天，這位好友問員外：『奇怪啊，這兩天，我看我這匹馬好像回到家都很疲累啊。』

員外說：『別擔心啊，我都是拿最上好的飼料餵牠，而且還幫牠清洗身體啊。』

如果你是這個好朋友，你聽了這句話，心裡是不是會很高興呢？

還有一件奇怪的事，每次員外的好友到了之後，阿慶也

跟著不見了人影，也不知道是跑去哪裡了。等到晚上他出現的時候，他也跟濟公師父說：『師父啊，我今天吃得好飽，而且也已經洗過澡了，但是我好累啊，我要先去睡了。』於是早早就上床睡了。

濟公師父只是笑一笑，難道濟公師父不知道發生了什麼事情嗎？

你們覺得到底是發生了什麼事情呢？為什麼阿慶和馬都會這麼疲累？又為什麼會吃得很飽，又全身洗香香呢？

到了第四天，因為前幾天聽濟公師父講經說道，聽得很高興，員外的好友一早就來了，到了中午，好友的家人來通報說，請他盡快回家處理事情，於是員外的好友趕緊要牽馬回家。

員外這時說：『哎呀，不行啦，晚上八點再走吧。』

好友急著回家，就直接往馬廄去找，他以為馬在馬廄裡吃著上好的飼料，結果卻沒有看到他的馬；濟公師父也跑去廚房要找阿慶，以為阿慶在廚房裡吃好料，但是阿慶也不在廚房裡。

員外這時只好說：『好吧，請隨我來吧。』

結果，員外把兩人帶到田裡，結果看見馬和阿慶正在種田，員外的好友生氣的質問員外：『你不是說我的馬在這裡

吃上好的飼料？還幫牠清洗身體嗎？難道這三天，牠都在這裡犁田嗎？』

　　濟公師父也跟著說：『難道阿慶這三天也都在種田嗎？』

　　這個時候，阿慶很高興的跑來跟濟公師父說：『師父啊，您怎麼來了？我這幾天只要工作忙完，都有一頓大餐可以吃啊。第一天我吃了豬腳和山豬肉，第二天啊，我吃了山兔，第三天，我吃了一整隻的羊，從來沒吃過這麼好吃的菜色啊。他們說，只要把田裡的工作做好，就可以有大餐可以吃了。』

　　這匹馬也『嘶～～嘶～～』的鳴叫著，牠也吃了很多，每天工作後，都有上好的飼料讓牠吃得飽飽的，又洗得乾乾淨淨，這匹馬其實也沒什麼抱怨。

　　說起來，也算是這個員外精明的地方，他說：『雖然他們在田裡工作，但是我也沒有虧待阿慶和這匹馬啊，他們吃得很好、也很開心啊。』

　　員外的好友卻是生氣的說：『這匹馬我自己都捨不得讓牠下田工作，我還以為牠是在這裡吃上好的飼料，想不到你讓牠犁田！我們以後這朋友也不用做了，告辭！』話說完，就騎上馬回家去了。

發現事情的結果不如自己預期的時候，員外的好友是不是很生氣呢？

如果對你很好的朋友，有一天你發現他的所做所為和你想的不同時，你會不會生氣呢？有一天你以為交情很好的朋友，卻不願意幫忙的時候，你會不會生氣呢？

這時，濟公師父會不會生氣呢？

濟公師父問：『阿慶啊，這些大餐有沒有讓你吃飽啊？不管做什麼事情，我們都不要不勞而獲。一分耕耘，一分收穫，這是別人跟你講好的條件，所以沒有什麼好抱怨的，我們走吧。』

你們看，這個叫什麼呢？這就是『交際』；在商場上，就是一個願打，一個願挨。」

師父重視自我的啟動，自己追求、自我改變，一切的成就都是靠自己做出來的，不只是依靠神佛的保佑。

若是一心依靠濟公師父的保佑，把所有的期望都寄託在濟公師父的身上，祈求自己的生意興旺，卻不想要改變自己，終究會像員外的好友一樣失望離去。

話說回來，好友的馬明明有吃到飼料，所以付出勞力也是理所當然的，就像我們感恩師父的教導、照顧，所以來到

廟裡，都是自己選擇奉獻付出，用自己的方式奉獻心力。

　　一分耕耘，一分收穫，明白了這一句話，在我們的濟公廟裡就能常保一份熱情。

　　師父繼續說這個故事：「濟公師父和阿慶兩人走著走著，濟公師父問：『阿慶啊，這幾天你學到了什麼啊？』

　　阿慶說：『師父啊，我已經跟隨您出來十五天了，我也看到了許多的事情，我明白您要教導我的用意了。

　　現在的我想要回家，我想家了。師父啊，我的祖產也不想捐了。』

　　為什麼阿慶不想捐了呢？

　　因為他這幾天在外面吃得好、用得好，又學會了怎麼賺錢，怎麼與人交際，所以他不想捐了。阿慶說：『雖然我的祖產不捐，但是我願意把我自己捐給濟公廟。』

　　濟公師父笑哈哈的說：『好啊好啊，濟公廟剛好缺一個住持，你可願意嗎？』

　　阿慶說：『師父啊，我願意當這個住持，永遠在這裡奉獻付出。』

　　為什麼阿慶甘願來濟公廟奉獻付出呢？

　　第一，因為他沒有兄弟，所以他看懂了那對兄弟的問題

之後，他看懂了人性與人情，他知道做人不要計較。

第二，他學會做生意要怎麼宣傳，也看懂了做生意的布局，所以他甘願回到廟裡，用自己的祖產去做生意。

第三，就像那個員外，人們的表面雖然看起來熱情，背後其實都是有條件的，我們的每一個獲得，都需要付出代價。

阿慶感恩濟公師父給他的教導，所以阿慶才會一口答應，願意一輩子在濟公廟裡奉獻付出。

後來，這一間濟公廟就因為阿慶的感受、宣傳，一天比一天興旺。所以濟公廟的興旺，要靠什麼？要靠宣傳，然後就是熱情，什麼樣的熱情呢？就是一分耕耘、一分收穫的熱情。

如果沒有一分耕耘、一分收穫的熱情，就會像故事裡員外的好友一樣，明明得到了好處，卻又不甘願付出，或者得到的東西和他自己想像的不同，最後他就會生氣的離去。

後來濟公廟就一直由阿慶擔任住持，他日後會有成就嗎？不知道，所以故事就到這裡，這就是濟公起廟的故事。

一間廟求生存，一定要靠宣傳，一間廟要興旺，一定要有一分耕耘、一分收穫的熱情；還要有人情溫暖，來到廟裡，大家就像兄弟姊妹家人般的和諧溫暖。

在廟裡，雖然人與人之間可能因為一句話的傳話而有了誤會、爭執，但也會因為師父的一句話，面對面的溝通，而重修舊好，這就是我們廟裡的感受。」

阿慶的故事，就如同我們濟公廟的故事一般，要如何讓我們的廟興旺，需要每一個人的自我耕耘與收穫。

我們要做的，始終都是同樣的那四件事：學習、模仿、奉獻、付出。

●跟隨信仰的意義

多數的人都有自己的信仰，但是有了信仰之後，是否就一定會有跟隨的行動呢？是否就能夠讓自己的人生不同呢？

其實不一定。

在信仰之中，要尋找心靈寄託容易，要尋著一個讓自己安心的理由容易，要開口求神明的加持幫忙容易；但是，要看懂煩惱的來源不容易，要明白「我」的苦處不容易，要啟動自己採取行動，才是真正的不容易。

師父問：「為什麼一盞燈泡會亮？那是因為我們自己啟動了開關。」

當燈泡亮了，人生的黑暗就會自然退散。

　　學習，只是吸收了知識，卻未必能夠改變什麼；唯有真正啟動了自己，開始採取行動，開始面對自己，這生活才會開始不同，跟隨的腳步才會開始前進，才會一步一步的走在濟公師父引導的道路之上，才會明白什麼是濟公道。

**　　不做，不知道；**

**　　做了，就知道。**

**　　不做，事事困難；**

**　　做了，一切自然。**

　　跟隨神明的宗教信仰是為了什麼樣的動機呢？

　　大部分人的答案，或是為了一個心靈的寄託，或是為了在生活遭遇困境的時候，可以尋求一個解答、尋求一個安慰，甚至是在自己犯錯的時候，可以得到一個心情的解脫。

　　自我信仰的動機究竟是什麼呢？

●絕不放棄

　　最了解自己的人，是自己；最擅長傷害自己的人，也是自己。在我們失敗、跌倒的時候，我們往往容易責怪自己，怪自己不夠努力、怪自己辜負了別人的期望；在自責的心情

太過沉重的時候，受不了自己的時候，只好選擇逃避或者是放棄。

「我再怎麼努力，也減輕不了我的體重，乾脆繼續吃我的大餐算了。」

「反正我就是不好，每個人都想要責備我，我再怎麼努力也沒有用，那我就又何必改變？」

「雖然知道家人都關心我，但是應該怎麼做，才能夠減輕內心的愧疚感呢？」

「為什麼別人總是那麼的強勢，都不願意聽聽我的意見？難道是我比較沒用嗎？」

我們要怎麼面對心裡這些不停在折磨自己的聲音呢？

師父說：「人生的心情，一定要學著自己打開。人生啊，沒有什麼是走不出來的，所以人生在世，一定要知道一句話：『絕不放棄』。

不要放棄自己，也不要放棄為自己努力的生活，要相信自己。

如果說到開悟，許多人總是在尋找宗教裡的心靈寄託，如果不管遇到什麼困難，遇到任何問題都可以找神明幫忙，有個這樣的宗教信仰是不是很好呢？

　　但是啊，有這樣想法的人註定要失敗，把自己的困難都寄託在神明身上的人，他註定要失敗，為什麼呢？因為每當遇到一時的困難，只想求神拜佛，卻不願意改變原來的習性、不願意學習新的觀念和心態，不願意提升自己的能力，往往一時的困難，就會變成了長久的阻礙。

　　因為不相信自己，所以放棄了對自己的努力，這樣的人生只會越走越沒有信心，有的人總是想著：『我只要拜神、只要每天唸經作功德、只要做善事、只要捐獻，我就可以度過難關、身體就會健康、我的生意也可以賺大錢、可以一帆風順……。』這就叫做心靈寄託。

　　然而，如果一個人把自己的學業、健康、財富、成功都寄託在這裡，如果最後卻得不到一個好結果的時候，他的心就會背棄了自己，他也會放棄了人生的信仰。

　　所以，如果想要身體健康，就不能背棄自己的身體，就要照顧自己的身體，要努力吃得好、睡得飽，保持運動的習慣，讓自己可以常常的流汗排毒，不要讓自己困在煩惱之中；沒有什麼好煩惱的，人生其實很簡單，只要有得吃、有得用就夠了，不管遇到什麼事情，只管去面對、去承擔，不用一直糾纏著煩惱。」

　　不要寄託心靈在神佛，要寄託於自己，不要放棄自己，不要放棄了為自己努力的權利，不要讓別人代勞，不要讓神明代勞。

　　開始認識自己，開始接受每一個當下的失望或是挫敗的情緒感受，那些感受都有它發生的背景和原因。既然那些失望或挫敗都已經過去，既然無法改變，那就不用再試著改變它。

　　好好的珍惜自己，我們沒有「好」或「不好」，也沒有「聰明」或是「愚笨」的問題，那並不是重點。

●別否定自己

　　師父說：「記住，完美不是一次就能成功，一定要經過挫折。你們做的事情，不是為了追求完美，而是為了要合乎規範，凡事只要合理就好，不必要求十全十美，你們的人生才會快樂。

　　當一個人什麼事情都想要追求完美的時候，別人的標準只會更高，你們永遠也做不到別人的要求，那又何必為難自己呢？

　　濟公道是什麼呢？笑笑而已，就像媽祖婆會用祂的標準要求師父，佛祖會用祂的標準要求師父，觀世音菩薩也會用

祂的標準要求師父，每個神佛都有他們的標準。

　　但是師父怎麼想呢？師父在成就自己，別人要求我的，我雖然做不到，但是我成就自己，我做得到。這話是不是聽起來很奇怪呢？因為師父不會為了別人的要求、規矩而去做，因為師父做不到，但是師父有自己的動機，師父要成就自己，所以師父做得到。

　　有的人說：『我要改變個性，我絕對不能夠發脾氣。』奇怪的是，一個人往往脾氣越改越是暴躁，為什麼呢？

　　因為『要改變』、『我不能夠這麼做』的想法，都是在否定自己，他無法忍受自己沒有一百分，他因此感到焦慮，急著要補回一百分，當他越是否定自己、越是壓抑自己，心裡就會更加有怨，最後終究還是會情緒失控。

　　只有為了成就自己，才會有樂心，才能夠甘願的做，甘願的受，所謂成就自己，雖然不代表未來一定會成功；但是實現自己，就是肯定了自己，一個人如果總是否定自己，等於沒有了自己人生。人生的未來如何，那總是無知，總是未知啊，所以人生就要把握現在、珍惜現在。」

　　成就自己的這一刻，就是享受這一刻的快樂，不必去想什麼未來，人生就是一個「不知道」，只有當下的做起，才

是真正的知道。

　　別再否定自己。

●啟動自我的開悟

　　「身是菩提樹，心如明鏡台，時時勤拂拭，莫使惹塵埃。」這是神秀寫的偈子，弘忍大師看過之後說：「你們如果能照著去做，可以不入惡道。」

　　只能不入惡道，卻更加難以開悟。神秀的偈子，說的正是許多人苦修的心情，總是害怕這個心會惹來塵埃，所以時時都要去擦拭它。就像師父說的例子，當一個人想要改個性，想要改脾氣，當他想要追求十全十美的自己時，他的那顆心，常常是從否定自己開始的，「我不可以這樣、我不可以那樣」，時時害怕自己會犯惡，他又要如何找到「樂心」呢？

　　佛法無邊，佛法並沒有一百分的邊界，修行的分數是無邊無際的大，我們不必用這個框框限制自己，更不需要與別人比較分數是高或是低。

　　在修行的路上，就要不畏風塵，因為這塵世，本來處處紅塵。

　　所以，六祖慧能的偈子是這麼說的：「菩提本無樹，明

鏡亦非台，本來無一物，何處惹塵埃。」每一個人都有習性，總是有缺點，何必畏懼風塵，我們追求的，不是那一百分的自我，我們追求的是，每一天為自己加分。

世上本來就沒有不惹塵埃的明鏡台，好像濟公師父的衣服，總是處處補丁，每一個補丁，都是我們的一處成就。

懷抱著「成就自我」的動機，就能常保快樂。比方說，既然知道自己脾氣差，那就練習追求快樂的動機，學習讓自己快樂的理由，找出方法滿足自己，總是學習知足感恩。

每當出現看人不順眼的念頭，就要練習洗清那一個念頭，每一天都用書寫的方式，記錄自己的心情，說說自己為什麼不能順眼看人，又要如何調整，讓自己有機會調整思維與邏輯。

隨時鼓勵自己、開導自己、頓道一下自己的說話，用成就自我的動機引導自己，守護好自己的樂心，用加法看修行，用快樂護持自己的心。

有了這樣的樂心，雖然我們處處惹塵埃，雖然衣服處處補丁，我們也是樂心修行，這就是濟公道的快樂修行。讓我們放過自己，別再執著受苦的修行方法，讓我們快樂自己。

樂心之中，才有開悟。

【第十六課】 吹響自己的號角

　　愚笨與聰明，是我們最容易為自己貼上的標籤。犯錯時覺得自己笨，又總想著要贏過別人，好顯露出自己的聰明。

　　這都是不自覺的反應，在我們還沒有認識自己之前，只能在別人的認同之中尋找自己，其實是更加的失去自己。

●聰明與愚笨的三個年輕人

　　師父說：「拿捏分寸，是相當重要的一件事，為什麼打蛇要打七寸呢？因為那是心的位置。

　　要如何打醒一個人呢？就要打他的七寸。所以師父說的話，你們都要聽進心裡去，不要因為自己的年紀還小，就以為自己沒有能力，以為不能依靠自己。師父希望你們都要學會依靠自己的努力，無論未來有學歷或沒有學歷，都沒有關係，重要的是，凡事要知道守信，要能夠自己啟動。

　　聽師父說故事吧。有三個年輕人，他們全心全意的相信濟公師父，這三個人，第一個非常的聰明叫大聰，第二個資質普通叫中智，最後一個最為愚笨的叫做小愚。有一天濟公師父告訴他們：『師父要交代你們三件事，讓你們各自去完

成，你們願意嗎？』

　　『我們一定做得到！沒有問題。』三個年輕人滿口答應。他們為什麼認為自己做得到呢？就是因為相信濟公師父。

　　這三個年輕人相信濟公師父，不管濟公師父走到哪裡，都幫濟公師父鋪地毯、灑花、隨時準備好出行的馬匹，不管吃的、用的，都會幫師父打點好，他們甘願接受師父的交代。

　　於是，濟公師父交代中智去學習做廚師，而大聰去學習射箭和十八般武藝，至於小愚，則去學習如何吹奏號角，號角在軍隊中是用來傳達命令用的樂器。濟公師父給了他們半年的時間去學習。

　　為什麼要讓大聰學習武藝呢？因為他學得快嘛，為什麼讓小愚學號角呢？因為他學得慢，這是很簡單的道理。

　　就在這個時候，小愚說：『師父啊，吹這個號角好無聊，兩三天就學會了，學吹號角哪裡需要半年啊？』

　　為什麼需要半年？因為笨的人不懂得變巧，以為自己三天就能學會，反而學得更慢，所以需要半年才會開悟；就像是煮菜和射箭，也一樣需要半年才學得會啊。

　　雖然不明白師父的用意，這三個年輕人還是用心去做了師父交代的事情。大聰果然聰明，只花了三個月就把箭法練

到百步穿楊，他很高興的向師父報告成果，說他等等要去打獵，試試自己的武藝。

而學煮菜的中智告訴師父說，他終於明白原來糖和鹽的比例要適當，又要如何控制火候，才能讓一道菜煮出好的滋味，他也從做菜當中找到了樂趣。

至於小愚呢，他每天就是：『噗～～～，噗～～～』，吹不出好聽的音調。他只是抱怨說：『師父啊，吹號角有什麼意義啊？每天吹它也不會發財呀。』

半年的時間到了，濟公師父告訴他們：『再過一個月，就是你們展現功夫的時候到了。師父告訴你們，到了那個時候，你們就會因為濟公師父，而有了恨濟公師父的感受，但是到後來，你們又會感謝濟公師父。』

就是這麼一句話：『感謝師父，又有恨師父的感受』，你們有沒有體會過這樣的感受呢？有的人可能覺得奇怪，為什麼會一下子恨師父，一下子又感謝師父呢？這就是一種痛苦經驗的過程，也是故事精彩的地方。先是感受到生命的痛苦，感受到人生的失望、絕望，最後卻又轉而感謝師父的感受。在師父說的故事裡，常常都在講這樣的過程。」

對於事情，我們習慣用自己的角度看事情，人的角度是

有限的，我們只能用「過去的資訊」做判斷，因為我們看不見未來，當師父給我們的指點，與我們心中的想法相互違背的時候，我們的反應會是如何呢？

「你要運動啊。」

「無論長官怎麼要求你，心中的那一股怒氣，都要把它壓下來。」

「師父這次廟裡的活動缺經費啊，你要不要贊助一點啊？」

我們當然可以選擇拒絕，可以選擇不接受或者是質疑師父的意見，但是可惜的是，一旦拒絕之後，就不會知道師父這麼指點的用意是什麼了。拒絕之後，就無法知道，為什麼對濟公師父有怨的人，最後他的心情卻會反轉為感謝了。

更可惜的是，我們可能會錯失了師父用心牽著我們走過的那一段緣分。

●三個怨嘆

師父繼續說故事：「半年過去了，這三個年輕人又聚在一起。做廚師的中智走在路上，不小心撞到一個路人，路人的左拳舉起就準備要打人，大聰馬上出手，兩三下就把這路人制伏了。

小愚好佩服大聰，他在一旁讚嘆：『你好厲害喔，兩三拳就把人打跑了，不像我只會嘆、嘆～～～的吹這沒有用的號角。』

驚魂未定的中智為了表示答謝，就煮了一桌好菜請兩個人吃。這菜煮得非常好吃，為什麼煮得好吃呢？因為他已經學會了調味的比例。

這時小愚又來讚嘆了：『你好厲害喔，煮的菜這麼好吃，不像我只會嘆、嘆～～～的吹這無用的號角。』

看到別人這麼厲害，小愚越來越覺得自己是個沒有用的人，心情非常沮喪，他開始抱怨濟公師父，害他浪費了半年的時間，這是第一個怨嘆。

如果你是小愚，你會怎麼想呢？你看到別人這麼厲害，會不會覺得自己是個無用之人啊？你看看別人可以展露功夫，但是你呢？你只會『嘆～～～』。

你們有沒有聽過真正的號角聲啊？『嗚～～～嗚～～～叭叭叭～～叭～叭～～～』，那應該是很響亮的聲音，這號角聲是什麼意思呢？這就是要開戰的號令啊。但是小愚只會『嘆～～～』，有氣無力的吹著，他的心情相當的苦悶。

有一天，村外來了一百多個土匪，準備要來洗劫這個村

莊，有人開始喊著：『土匪來了啊！！』在這個時候，你要
逃走嗎？還是要跟他拚命呢？

　　這個時候，大聰拿出了弓箭，一邊射殺土匪，一邊掩護
村民逃難。土匪死了十幾個人，暫時不敢貿然進攻，三個年
輕人保護村民們逃到了一處盆地，卻已經無路可逃。

　　大聰這時也忍不住怨嘆了起來：『濟公師父啊，你要我
練箭練了半年，但是我最多也只能殺十幾個土匪，這樣也救
不了大家啊？師父啊～～』這個時候，他也開始怨嘆師父
了，他埋怨師父為什麼不多訓練幾個人練習弓箭，這是第二
個怨嘆。

　　土匪們畏懼年輕人的弓箭，也不急著進攻，打算慢慢折
磨這些村民，決定明日一早再來洗劫，不留下一個活口。土
匪們就在外面喊話，恐嚇這些村民們，說明天一早就要殺光
所有的村民。

　　故事到這裡，要怎麼發展下去呢？人總是要吃飯嘛，這
時中智站了出來，他說：『既然明天就要沒命了，不如今晚
我們好好的吃上一頓，就讓我為大家準備一頓大餐吧。』

　　在村民的幫忙下，中智煮出了豐盛的料理，想到這可能
是人生的最後一餐，村民們吃得一把鼻涕一把眼淚的，他們
開始相互道別，為明日的結局做好準備。

　　你們說，中智這個廚師的心裡會不會怨嘆呢？他說：『濟公師父啊，你讓我學會這一手好廚藝，就是為了煮這最後一餐嗎？大家都這麼喜歡我的手藝，我還想要開餐廳賺大錢，我還想要煮菜給更多的人吃啊，現在什麼希望都沒有了，我要怎麼辦啊？』他真的怨嘆起濟公師父來了，怨嘆自己的人生受到命運的作弄，這是第三個怨嘆了。

　　小愚坐在一旁吃著菜，當他聽到村民們互相道別的話，他的心裡受到相當大的感動，他覺得感恩，至少在臨死之前，還可以吃一頓飽足的大餐，他說：『哎呀，你們都算沒有白活了，就只有我什麼也不會，既然沒有多少時間了，我就再吹一次號角，為大家送行，也為我自己送行吧。』

　　想起這段日子的感受，想到自己這一生還沒有來得及留下什麼成就，想到村民們的善良無辜，他舉起號角，『噗～～噗～～』，一樣是無力沙啞的聲音，但是村民們並不在意，反而開始熱情的鼓掌，為他吶喊叫嚷著。

　　受到大家的鼓勵，他的心情一陣激動之下，他開悟了，他卯足了全力吹著號角：『嗚～～～～～～嗚～～～～～』，號角聲吹得又響又長，村民們更加高興的歡呼了起來。年輕人激動的喊道：『啊！！我知道怎麼吹號角了！！』於是他繼續吹著號角：『嗚～～～嗚～～～叭叭叭～～叭～

叭～～～』，他無師自通吹出了一首曲子，竟然能夠持續吹了好幾個時辰。

外頭的土匪們覺得奇怪，這些村民明天就要沒命了，居然還有心情飲酒作樂，明天一定要殺光村子裡全部的人。

天亮了，土匪果然準備要進攻，大聰拿出了僅有的弓箭，『咻！咻！』一箭一箭的射出，很快的弓箭用完了，這個時候，大聰只能絕望的與村民們一起坐下等死。」

●進攻的號角聲

師父說：「這時，村民們要怎麼辦呢？上天有好生之德，在村莊附近剛好來了一支千人的軍隊，昨晚夜裡原本要向東邊行軍，結果濟公師父把路上一座吊橋的繩子給割斷了，軍隊不得不轉向村子的方向行軍，試著要找到出路。軍隊走著走著，恰巧聽見了年輕人吹的號角聲，『嗚～～～嗚～～～叭叭叭～～叭～叭～～～』，這號角的聲音吹得又遠又長。

將軍說：『咦，這是開戰進攻的號令聲啊，部隊聽令，做好攻擊的準備，朝向號角聲的方向前進！這號角聲一直不斷的吹，一定是相當緊急的軍情，我們趕快趕路。』在天亮時分，就在大聰弓箭用盡，土匪正要進攻的時候，軍隊趕到了，他們一看見土匪，二話不說，就在一陣廝殺聲中，把土

匪全部殲滅了，村民們也因此得救了。

如獲重生的村民們都來感謝將軍。有人好奇的問將軍，為什麼會來解救他們，將軍說：『因為昨晚我聽見了號角聲，以為是有緊急軍情需要支援，原來這是你們自己吹的號角啊，糟糕，我可能延誤了軍情，弟兄們，我們趕緊再出發趕路了。』大軍再次出發，他們繞過了吊橋的路，從路的另一頭去到了對岸。這時將軍也意外的發現，原來敵軍從昨晚就埋伏在吊橋邊，幸好昨晚沒有過橋，沒有中了埋伏；這一下子，反而取得更有利的局勢，趁著敵軍沒有發現，悄悄的發動了突襲，也順利的消滅了敵軍，取得這一場戰爭的勝利。

話說回來，雖然村民是靠著濟公師父的斷橋、將軍的軍隊幫忙得救，但是，如果沒有這三個年輕人的啟動，村民也無法得救。

大聰如果沒有用弓箭嚇阻土匪，土匪可能在第一天就洗劫整座村莊了，大聰為村民爭取了時間；而如果不是中智煮了這一頓大餐，讓村民們享用，鼓舞了大家，小愚也無法開悟吹號角啊。」

對於世事，不要用「因果」的角度去看，因為每一個結果都是暫時的，「因果」總是用好壞、對錯、是非的角度去

評斷，容易讓人陷入情緒和比較。

　　對於世事，要用「因緣」的角度去看，看看每一個人做的事情，是如何造就了後來的緣分。所以沒有什麼對與錯、成與敗，此刻的失敗，也許正是未來成功的條件。

　　事在人為，我們只需要努力造就「善緣」，不強求善果，因為結果不是我們可以強求的。

　　這就是「隨緣」的意義，相信自己的善念，相信因緣，接受那些無法改變的事，試著圓滿每一個現在，抱持一個善念，對待自己，對待身邊的人。

　　師父說：「小愚的號角聲解救了大家，村民們都來感謝小愚，小愚卻說：『要感謝濟公師父啊，感謝師父要我學習號角，雖然過去讓人看不起，但是現在大家都把我當作英雄看待。』村民們聽了，也一同感謝著濟公師父。

　　所以，濟公師父要你們做的事情，只要你們默默的做，總有一天成功的機會就會輪到你們。你們就要學習開悟，漸漸去體會開悟以後的感受。

　　最重要的，就是要傻傻的去做，不計較得失的做。不管你的能力高低，不管你是聰明或者是愚笨，如果想要成功，都要如此去做，所以無論是宗教信仰，或者心靈的寄託都是

沒有用的，凡事一定要自己啟動去做。

真正的愚笨，不是智力高低的那種笨，而是一個人總選擇去做愚笨的事情，卻不懂得做明智的事情，什麼是明智的事，就是明白分寸，懂得規矩。

你們想不想要有所成就？你們就要明白，愚笨的人不是永遠都是笨的，而是要學習模仿，只要開始學習，日後的路就會越來越好走。

就像故事裡的三個年輕人，如果他們不聽師父的話，不願意去學習武藝、不願意學煮菜、不願意學吹號角，他們還能夠有最後的成就嗎？

看看小愚，他的開悟讓他成為了英雄，村民是不是會對他刮目相看呢？他以後當然更有自信，這三個年輕人是不是都從怨嘆的心情，而轉為感謝濟公師父的心情呢？在那個生死關頭的時刻，你會有什麼想法呢？到那時求神拜佛又有什麼用呢？如果自己不付出行動的話，就沒有任何辦法改變結局。記得，凡事要自己啟動，自己做起。」

失敗、失意是一時的，一個人如果不能啟動自己，聰明如何？愚笨又如何？唯有重視自己，事事看重自己，才能夠找回自己，才能吹起進攻的號角聲。

●啟動的契機

　　師父說：「這個故事裡有幾個涵義：

　　第一，是對於人生的失望，總是要到了生死關頭，人才會想到自己還有那麼多的事情還沒有做，在生活安逸的時候，誰能夠想得到，需要預先做好準備呢？如果沒有濟公師父，三個年輕人又怎麼能夠做好準備呢？

　　第二，是人的實際，與人的時運不濟。

　　是不是能夠暫時忘記流年、八字這些想法，轉換為一個實際的心態。也許自己的時運不濟，今天的種種不順，其實是一種提醒，提醒我們要從自己的挫折之中，找到改變自己的方法。

　　所謂初念淺，轉念深，一個轉念，就能找回自己人生的主導權，不要把人生寄託在無法預期的命運。

　　第三，『師～父～啊，當初為什麼不說得明白一點呢？』總是有人會這麼說。

　　這是要師父怎麼說得明白呢？因為濟公師父也不知道後面的發展會是如何啊？你們別笑啊，濟公師父是真的不知道，濟公師父不知道有這麼一個生死的關卡，他雖然知道會

遭遇土匪，但是他不知道後面會如何轉變，他只能用他知道的唯一機會，去訓練這三個年輕人。

　　問題在於，萬一這三個年輕人不願意學習，那該要怎麼辦？萬一小愚因為對自己失望，而放棄了練習號角，那又要怎麼辦呢？就算濟公師父切斷了吊橋，那又如何呢？這一切的安排都是環環相扣的。」

　　一個「對自己失望」的念頭，來自於自己的內疚感，不知道如何彌補自己犯下的過錯，面對結果卻是無法改變的無力感。這也許是我們的孩子，也許就連我們自己，也不知道該如何表達心中的無奈，對自己不抱著希望的時候，就會失去了努力的動機。

　　我們其實都需要學習，從接受自己開始學習，從看重自己開始，從願意接受教導開始學習；只要一個念頭的轉變，這人生的安排也就會環環相扣的展開了。

　　師父說：「想想看，如果你們該要做的事情卻沒有完成，沒有跟隨師父的教導，沒有為我們的廟努力，沒有經歷那些經歷，如果就這麼放棄了，你們有沒有機會看到這背後環環相扣的結果呢？

　　師父做的每一件事，都有一個原因，每一件事情，都有著環環相扣的布局，都是希望你們可以靠自己的努力解決問題。雖然有些事情神明可以幫忙，但是這樣的幫忙也容易讓人意志薄弱，容易讓人放棄了自己，不再依靠自己。

　　所謂天助自助者，神明幫助的，是願意自我啟動的人，師父給你們的，是啟動的機會。」

　　要改變一個人，有多麼不容易？如果他的心裡沒有啟動改變的念頭，別人付出再多的努力也無濟於事；想要教導一個孩子，也需要父母先轉變自己，師父的耐心布局，也在教導我們如何耐心的等待、如何去面對孩子。

　　師父用心的教導，我們要細細思量。

●活出自己

　　師父說：「那些能力條件不足的人，就算今天被別人當作驢子，也不要輕視自己。就像是這三個少年的故事，濟公師父要最笨的那個少年學習吹號角，因為他學得最慢，但是慢又如何？最後他卻能夠因為吹號角，而立了大功，整個村莊都因為他而得救。

　　這個愚笨的少年，本來認為自己默默無聞，一無是處，

他的心裡感到痛苦和鬱悶，只因為他沒有得到眾人的認同。但是資質差的人，就要靠著勤奮的學習，因為勤能補拙，在少年遇到最後的生死關頭時，當他感覺到自己的人生已經沒有希望的時候，他也終於能夠成功的吹響號角。

為什麼？因為人生真正跌到谷底的時候，那就是你翻身的時候到了，只有在你真正痛苦的時候，你才會知道收斂；只有在你不再抱怨的時候，你才會懂得反省，才有機會突破自己。」

人生最大的苦，在於看不見自己，看不到自己不斷重來的那些錯誤和痛苦，卻還堅持照著原來的方法做事情。

什麼是翻身的谷底？

翻身的谷底，並不是指自己的運勢夠差了，夠倒楣了。師父說，如果我們以為掉到一樓就夠慘了，卻還是不改變做法，那我們還會掉到地下一樓，地下二樓，還可以繼續的往下掉。

翻身的谷底，是來到真正「走投無路」的地方，已經無人可以抱怨了，已經走到一個生死關頭，終於不會再推卸責任了，終於願意開始反思自己，願意開始學習改變了，這就是一個人翻身，追求突破的開始。

師父說：「要如何突破？那就要有等待的耐心，如果沒有耐心，就只會再次重複過去的錯誤，那就好像煮菜一樣，如果沒有耐心等待爐火的加熱，就像熬煮滷肉或是豬腳，一定需要耐心長時間的熬煮等待。

如果明明豬腳、作料都準備好了，但是卻沒有耐心等待，只是因為一時環境的變化，心產生了動搖，不斷的打開鍋蓋，想要看看豬腳煮好了沒有，不斷的檢查它，最後這一鍋豬腳一定是難吃的。

豬腳要好吃，一定要『燜』，為什麼需要『燜』，因為它需要足夠的『熱度』，就像是我們學習了道理，我們要開始做起，這時要有熱度，才能不斷的累積，才有機會接近成功。所以你們需要暫時的『白日夢』，帶給自己一些幻想的希望，雖然白日夢現在做不到，雖然是空虛的，但是只要我們不斷的做，總有一天，或許白日夢真的會實現。因為我們已經累積了經驗，就像是吹號角的少年，他在最後的生死關頭，真正有了覺醒。」

成功，就需要一個熱度的「燜」。燜著自己的熱情和熱度，堅持無心的做，不斷的做，不要老是去想著：「我成功了嗎？我改變了嗎？別人有給我肯定嗎？」萬一得不到別人

的肯定，是不是就容易失去了熱情呢？那就像等不及要掀開
鍋子，想看看這一鍋肉燉熟了沒有，卻反而讓熱度都給散失
了。

　　所以不用在意自己的資質是好或是不好，不用在意自己
的處境是困難還是順利，更不要去在意別人對自己是肯定還
是否定；在濟公道裡，就是要走過坑坑洞洞的道路。如同濟
公師父身上的衣服一個又一個的補丁，破了洞，就去補，堅
持著自己的熱情與熱度，別人看輕我們又如何，總是要相信
著自己，堅持做出自己的信仰與熱情。

　　「人在江湖，身不由己。」人們常常這麼講，其實呢，
人生並沒有那麼多的身不由己，只要自己願意，總是可以找
出一個解決問題的方法。比方說遇到一個既讓人討厭又難搞
的人，我們難免放不下身段，不願意給他好臉色，但是啊，
問問自己，我的動機是什麼，要不要解決問題，要不要放下
過往的成見，轉換一個心情與身段。

　　轉一個念，事情總是會有轉寰的餘地。只要我們願意打
破限制了自己的框框，放下尊嚴和面子，慢慢的，就沒有什
麼身不由己，而能夠活出自己。

【第十七課】迷信與正信

　　師父說：「話說濟公師父讓阿慶做了濟公廟的住持之後，再一次踏上了旅程，他來到一個村莊，遇上了一個人叫阿江。阿江過去就認識濟公師父，於是很高興的陪著濟公師父在村子裡四處走走。當他們來到一座橋邊，看到一個瞎子拿著一支拐杖『督督督……』的敲著地上要過橋。結果一個不小心，瞎子的拐杖掉到橋下去了，好心的阿江就牽著這個瞎子往前走，瞎子不停的說著感謝。

　　這時，濟公師父從瞎子的身邊走過，不知為什麼把瞎子撞了一把。瞎子『哎呀～』一聲摔倒在地上，你們看濟公師父是故意的，還是有意的啊？

　　沒想到濟公師父接著又推了瞎子一把，眼看著就要掉到橋下了，阿江心想：『奇怪，濟公師父為什麼要故意推他啊？』還好阿江剛好手上有支畚箕，他趕緊用畚箕勾住了瞎子的手，好不容易花了很大的力氣才把瞎子拉了回來。

　　飽受驚嚇的瞎子，覺得自己像是在鬼門關前走了一趟，他對阿江更是萬分的感謝，他說：『謝謝你們救了我一命，再麻煩你們送我回家，讓我招待兩位吃一頓飯吧。』

　　濟公師父小小聲的跟阿江說：『人就是要這樣，才會有好料可以吃啊。』你們說濟公師父是很聰明？還是很不應該呢？

　　瞎子很高興的帶著兩人回到了家裡，他說：『雖然我家不算富裕，但是家裡也養了三隻雞，原本是準備過年要殺的，今天就殺一隻給兩位恩公吃吧。』

　　濟公師父卻說：『這樣不夠啊，我們救了你兩次，應該要殺兩隻雞。那就一隻做白斬雞，一隻做烤雞吧。』

　　瞎子想想，既然是救命恩情，好吧，那就再多準備一隻烤雞。兩隻雞料理好了，阿江和濟公師父狼吞虎嚥的把雞肉都吃完了，但是濟公師父為什麼又要求多吃一隻烤雞呢？這個問題你們要想一想。

　　阿江說：『師父吃飽了吧，接下來去我家坐坐吧，讓我請師父喝杯茶。』

　　濟公師父說：『喝茶就免了吧，師父要喝就喝酒啊。』今天的濟公師父，真的是故意在找麻煩啊。」

　　事出必有因，讓我們繼續往下看吧。

●瞎子的妻子

　　故事繼續：「吃飽了，濟公師父對瞎子說：『我們要走

了喔，你還剩下一隻雞，我看這隻也順便殺了給師父帶走吧。今天可是我救了你一命哦。』濟公師父又特別強調了一次救命的恩情。

瞎子也是個老實人，既然濟公師父這麼說了，他也不好意思拒絕，就讓他的老婆把雞給殺了，準備給濟公師父帶走。不過你們想想，瞎子的老婆會有什麼反應呢？她會答應嗎？她會不會罵濟公師父呢？

就在這個時候，瞎子的老婆出來了，她說：師父您等等，這隻雞這樣帶回去，您也不好料理，讓我煮成燒酒雞好了，兩位不如順便在這裡住上一晚吧。濟公師父聽了非常高興，但是阿江卻有點坐立難安，他覺得濟公師父做得過頭了，想要勸濟公師父離開，濟公師父卻說不要緊，就把阿江一起留下來吃燒酒雞。

燒酒雞煮好了，瞎子的老婆招待著濟公師父和阿江吃雞肉，瞎子的老婆說：『師父啊，感謝您救了我的老公，我們家的這三隻雞也因此壯烈犧牲，但是啊，我想請問聖僧是來自何處啊？』你們注意，她這句話用的是『犧牲』這兩個字喔。

濟公師父說：『師父來自於西邊之湖，獨自一人總是公開公正的濟世。』他很隱諱的說出了自己的名號。瞎子老婆

一聽就明白這是西湖靈隱寺濟公禪師，她竟然說：『師父啊，我明白了，明天我會把全村的雞都買下來。』

這瞎子的老婆實在是聰明，她看懂了濟公師父的用意，師父不是為了貪圖她家裡的三隻雞，而是別有用意，因為她是相信濟公師父的人，她心裡明白，濟公師父是有意把他們家裡的雞都殺掉的。到了隔天，瞎子老婆果真挨家挨戶去收購雞隻，總共買了五百八十三隻雞，把她一個月的生活費都花光光了，甚至把瞎子預備治療眼睛的醫藥費也用掉了。

當她回到家，濟公師父說：『哎呀，妳這麼一口氣買了全村的雞要做什麼呢？妳不怕日後這些雞都養不活嗎？』

瞎子的老婆說：『不是的，這些雞都要為濟公師父犧牲，請師父幫牠們度化吧，我要把牠們都做成烤雞。』這兩字『犧牲』，是有特別的意思在其中哦。

濟公師父心想：『這瞎子的老婆不簡單啊。』於是對著雞群說：『你們為了師父犧牲，日後師父一定引度你們去到西天啊。』濟公師父總是要演演戲嘛。

於是瞎子的老婆把所有的雞都殺了，接著做成烤雞，她本來打算一隻烤雞要賣五兩銀子，但是濟公師父卻交代阿江：『你去村子裡告訴大家，西湖靈隱寺的濟公活佛要來化緣，就說一隻烤雞要化十兩銀子。』於是阿江出去沿街宣傳

著：『來哦來哦，明天濟公師父要來化緣，十兩銀子一隻雞，
這些雞是濟公師父賜給我們，讓我們回去吃了可以娶個好老
婆、身體健康又賺大錢喔。』

阿江就這麼沿路叫喊著，烤雞接下來要怎麼賣呢？」

濟公師父給了暗示，而瞎子的老婆明白了師父的暗示，
她願意相信濟公師父，她的動機不是為了發財，而是一個奉
獻順緣的心。

●昨日殺狗，今日殺雞

師父說：「經過阿江的宣傳，隔天濟公師父帶著瞎子夫
妻倆人去到大街，並且交代瞎子的老婆說：『等一下，妳就
扶著妳的老公，邊走邊對大家說，原本一隻烤雞要賣五兩，
但是為了要幫妳的老公募得醫藥費，請大家多多樂捐，妳就
在一旁放個牌子寫「十」就好。』

於是瞎子扶著老婆的手，身旁掛個牌子上面寫了一個
『十』字。阿江在後面推著五百八十三隻烤雞，濟公師父則
在一旁自己喝著酒，不時喊著：『來喔來喔，濟公雞來了喔，
濟公活佛來化緣了喔。』果然大家都來買雞，看到寫『十』
的牌子，很自然都拿出了十兩銀子買雞。

　　濟公師父還不忘向買雞的村民說：『起家哦！起家哦～』眾人就這麼邊走邊叫喊著，不知不覺，所有的雞都賣完了。但是為什麼濟公師父在這裡化緣這麼容易呢？

　　還記得上次濟公師父為了解決瘟疫的問題，曾經殺光所有流浪狗的那個故事嗎？這就是當時的那個村子，所以村民們都感念濟公師父的恩情。

　　那麼這瞎子的老婆怎麼會知道要買下全村的雞呢？因為當初濟公師父殺狗的前因後果，她在旁邊觀察得一清二楚，她已經有過經驗，所以只要濟公師父說了什麼話、做了什麼事，她就知道濟公師父接下來的布局會是什麼，她已經知道自己要如何啟動，這就是她的跟隨。

　　咦？時間到了啊，師父累了～～」話說完，師父就躺在椅子上打起呼來。

　　這個故事是延續前一本書中「殺狗興旺」的故事（請見《故事禪：善待自己的一條路》，頁 166），瞎子的老婆明白濟公師父不會無緣無故的殺生，她不會用殺生兩個字限制自己，她更明白師父一定有他的原因，所以她選擇了對濟公師父的跟隨。

　　見到師父躺下來，大家都明白，這是打賞的時間到了，師父講的故事這麼精彩，當然要打賞，所以大家都各自表達心意，或多或少的投錢到打賞箱裡。師父其實一點也不在意錢的多寡，就算空手虛晃一招也沒有關係，這就是一個共同興趣，這是為了讓大家養成給的習慣。

　　師父說：「哎呀，師父講得這麼辛苦，你們如果不打賞一下，師父怎麼講得下去呢？這就是要訓練你們的大器。

　　以後看到好的東西，像是街頭藝人的表演，如果覺得他表演得好，就要懂得打賞，如果唱得不好，那就不需要做什麼，不需要被慈悲心給綁架。如果師父講的故事精彩，就要記得給師父打賞，既然得了別人的好處，那就要回饋別人，懂得奉獻和付出，這就是感恩的道理。」

　　學習、模仿、奉獻、付出，這就是成長自我的基本功。

●重見光明

　　故事繼續：「濟公師父說：『哎呀！原來妳早就知道師父當初殺狗的意思，妳也明白師父殺雞的用意啊。』

　　『師父啊～』瞎子的老婆馬上跪了下去，她說：『感謝上天讓我能夠遇見靈隱寺的濟公師父，感謝師父讓我開悟。

　　因為一般修戒的和尚，是不會吃肉的，所以我相信師父

您一定是靈隱寺的濟公師父；我也明白先前師父殺狗的緣由，所以我也算是賭這一把，買下了全村的雞。

師父啊，今天遇見師父，是想求師父幫忙，我的老公原本雙眼正常，卻不知道是被什麼蟲子噴了毒液，導致他的雙眼失明，師父可以幫助他恢復視力嗎？』

濟公師父說：『這事容易，這就叫因果，師父可以幫你處理，雖然妳已經獻上了五百八十三隻雞，但是你先生的因果太重，所以妳還需要師父的幫忙，只是妳要答應師父一個條件，這五千八百三十兩銀子都要奉獻給師父，剩下的事情，就聽師父的安排吧。』

瞎子的老婆當然同意。於是第二天，瞎子的老婆跟著濟公師父去尋找藥引，濟公師父來到一處田地，看到了一匹馬，濟公師父就交代瞎子的老婆拿著桶子，蹲在馬的身旁，濟公師父還一邊的：『噓～～～噓～～～』，原來是要哄這匹馬兒尿尿。這匹馬真的乖乖的尿了起來，瞎子的老婆趕緊裝了一大桶的馬尿。

濟公師父交代，接下來連續五天，每天都要用馬尿去洗瞎子的眼睛。

你們說，這樣洗五天真的會好嗎？誰眼睛有問題的？來！舉手，師父帶你們去找馬尿來洗眼睛。」

在場的門生趕緊都搖著頭，大家的眼睛這時都健康得不得了啊，大家笑成一團。

師父說：「洗了五天馬尿之後，瞎子的眼睛還真的好了，濟公師父也在這裡住了五天。其實這個瞎子並不是真的瞎眼，他的眼睛只是暫時麻痺，所以濟公師父用馬尿去刺激他的眼睛，不過麻痺的症狀也不知道是不是因為馬尿治好的，這麻痺的症狀本來就需要十五天的時間自動痊癒。

哎呀，你們別笑啊，不用馬尿刺激一下，誰知道這個病會不會好啊。」聽故事的大家還是笑個不停。

師父說：「瞎子的眼睛恢復了健康，瞎子老婆非常的高興，不斷的感謝濟公師父。雖然家裡的錢都已經用光了，瞎子也不在意，他還是覺得好高興，因為自己終於重見了光明。」原來犧牲這五百八十三隻雞，是為了要化解瞎子的因果，讓事情可以大事化小，小事化無。雖然瞎子的眼睛只要十五天就會自動痊癒，一般人會以為這一切是白費工夫，但是讓我們靜下心來，想一想這其中的因緣，要不是濟公師父的出現，或許瞎子在一開始就會摔下橋了呢？

要明白的是，瞎子的老婆並不是盲目的奉獻，她已經看

過濟公師父殺狗的因緣安排，所以願意跟隨，而且是毫不懷疑的跟隨。她做出了自己的選擇，也願意承擔選擇，她的動機明白，不求善果，只是無怨的相信自己的選擇。

相信自己，就是正信。

●阿江的迷信

師父說：「這個阿江，看到了濟公師父這幾天所做的事，他跟濟公師父說：師父啊，我家有五隻豬，不然我也把五隻豬都殺了好了，這個生意很好做啊。

濟公師父說：阿彌陀佛啊，師父是出家人啊，怎麼可以殺豬呢？

阿江聽得滿頭霧水，明明師父這幾天殺了三隻雞，還吃了白斬雞、烤雞、燒酒雞，怎麼現在又說不能殺豬呢？阿江現在對濟公師父的說法一頭霧水，你們有時是不是也會對師父的說話感到一頭霧水呢？」

當我們明白了，殺雞，是為了化解因果的緣由，那麼，阿江想要的殺豬，就顯得毫無動機了，卻只是為了賺錢發財，他以為只要照著濟公師父的方法去做，就會一路順風。

凡事不能只看表面，別人說的話，也不能只從表面去判

斷真假，為什麼阿江會聽不懂濟公師父說的話呢？那是因為他還沒有從因緣的角度觀察人生，他還沒有感受到，濟公師父為什麼要故意推瞎子一把、瞎子的老婆為什麼要奉獻全村的雞、為什麼瞎子的雙眼只是一時麻痺，卻需要這麼大費周章的治療。在因緣裡，每一段的情節都是環環相扣，不能用一時的好壞去評斷，而要把心情放輕鬆，靜下心來觀察因緣的變化，明白那些功過相抵、化解因果的過程。

　　所以一時聽不懂師父的話，不要緊，帶著那句話去體會每一天的生活，自然有一天會明白。

　　師父問：「為什麼濟公師父會做這樣的事呢？為什麼瞎子的老婆這麼勇敢，明明還不確定遇見的是不是濟公師父，就這麼殺了三隻雞呢？因為她想要救治丈夫的眼睛。如果她是一個不相信濟公師父的人，如果她聽到濟公師父莫名其妙的就說要殺掉家裡僅有的三隻雞，她會不會生氣發火？她會不會四處去跟別人講師父的不對？會不會說濟公師父是冒牌的呢？當然會。

　　心裡如果有相信，就要知道自己應該如何做起，就要開口宣傳，日後的因緣才會不同。」

真正的信仰，與外物無關、與別人無關，只與「自己」有關。

什麼是迷信？

如果一個人以為自己的人生悲慘，是因為上天的命運安排、是因為別人的不對、是因為神佛不幫忙，如果以為一切問題都出在上天、在別人、在神佛身上，因此而放棄了努力，這是迷信。

如果一個人不願意相信自己，不願意依靠自己，必然會被一時的順境迷惑，變得傲慢自大，也可能會被一時的逆境打倒，放棄了自我。他只希望有人幫他解決問題，他聽不進那些逆耳的忠言、那些明師的教導，他會被別人的甜言蜜語迷惑，看不清楚誰才是真正的貴人。他也會被那些提供心靈寄託的安慰迷惑，卻無法調整自己、成長自己，無法堅強自己。

失去主控權的人生，一個無法給自己答案的信仰，那就是迷失了對自己的相信，這就是迷信。

所謂正信，就是願意相信自己，願意追求問題的答案，就算答案錯了，也能夠欣然的接受。對於一切問題，他願意坦然面對、他願意用心處理、他願意把情緒放下，繼續的調整自己。他不管命運是好是壞，不管別人看好看壞，就是做

自己的選擇、承擔自己的選擇。

正信，相信自己還會成長，相信今天會比昨天更堅強，相信可以從信仰找到方法，去轉變自己的習性，一步一腳印的克服那些不順遂的問題。

正信，就是善待自己，時時提醒自己，犯錯並不等於犯罪；犯錯是因為經驗、能力的不足，我們還可以學習、還可以模仿，雖然有時運氣不好，會遇到挫折失敗，我還可以奉獻、付出；用無所求的給，給別人時間、給別人用心、給別人觀念，一點一滴的改變自己的福德，自然會改變將來的因緣。

神佛是我們的燈塔指引，指引我們努力前進的方向，我們前進的每一步，都需要靠自己的努力付出，而不是別人的庇佑。

相信自己，願意依靠自己，所以更加的鼓起勇氣、堅強自己。善待自己，就是不責怪自己，才能夠做到不與別人對立、不去責怪別人，只有共同的興趣。

●道理與道德

師父說：「今天的故事精彩嗎？希望你們回去好好的重聽幾遍。

如果想要追求道德、追求道理，你們就要明白，道德是由你們做出來的，是由你們的口中說出來的。師父的道理是上天賜給我們的，但是道理也需要人去說，在你們說道理之前，自己先要去做。

所謂道理，並不是說，師父講的就叫做道理，而是因為師父講出來的話合理。是不是道理，與說話的人無關，而要看它本身的合理性。

所以你們一定要懂得奉獻付出、一定要去做，做了之後，日後才有自己的道理，可以說給別人聽啊，我們不要追求怪力亂神或是靈通，靈通就放在心裡就好，只需要有個心知，一切只有自己實際去做，才會有未來。」

一句話為什麼有道理？什麼是道理？

不是因為這句話是由誰說出口的，而是因為我們能夠判斷、參悟這句話的合理性，在自己實際做過之後，它才會變成我們自己的道理。

一個人為什麼有道德？什麼是道德？

不是因為別人說我們有道德，而是因為我們自己能做起，把道理應用在我們的日常生活之中，一言一行都符合道理、德行，所以有了道德。

　　奉獻付出，是我們修行的基本，不只限於金錢，而更是我們的一言一行。我們的宣傳分享觀念，我們為別人的用心照顧，我們給別人的笑容，我們給自己的快樂，都是奉獻付出。

●迷時師度，悟時自度

　　師父說：「凡事要自己做起，就好像師父如果說你日後會賺大錢，但是你卻好吃懶做，什麼也不學，那麼你還有可能賺大錢嗎？當然不行。

　　師父曾經預言，師父的代言人日後一定會很有錢，但是代言人最近跟師父說了一句話：『師父的預言，以後就由我來實現。』

　　這樣的說話方法、態度，是一種完全不同的心態，你們好好的思考體會，代言人不再等待師父賜予財氣給他，他是要自己做起，要靠自己去努力、調整自己的忍耐、愛心和等待，改變他自己和他帶領的這一群人，日後將會是完全不同的一種感受。」

　　在剛認識師父的時候，我們是依照著師父說的話，每一步戰戰兢兢的走，深怕自己走錯了路，常常想要請示師父，

我們這樣走好不好，可不可以往那裡走。

但是瞎子的妻子不是這麼做的，她模仿濟公師父做事的方法，自己做了選擇，自己往前走了，因為她願意自己做起。代言人也是一樣的，他決定要自己做起，靠自己的努力去實現師父的預言，不是被動的求，而是主動的做，那是完全不同的心態。所以在信仰之中，最重要的是自己的啟動與行動，學習了道理，更要做出自己的經驗與道理。

在濟世的時候，師父總是用愛心和耐心教導每一個門生、信者，不論每一個人的資質好壞、個性差異，都是付出一樣的愛心和耐心。

我們也應該學習師父的愛心與耐心，在對待自己的家人、下屬、同仁，甚至老闆的時候，也懷著同樣的愛心和耐心，這些事情不需要靈通，不需要神明保佑，只需要自己甘願的做起。

迷時師度，悟時自度。

在迷惘看不見方向的時候，師父用教導來度化我們。

在參悟明白教導之後，我們就要用這份明白來度化自己、啟動自己。

　　學習模仿師父的道理，做出自己的奉獻付出，走出自己的路，這一條路沒有什麼神力加持或是靈通，只有自己的努力做起。福德足夠了，上天自有感應，或許這才是真正的修道，我們修的是濟公道。

【第十八課】擺脫思考的慣性

　　當公車司機冷不防一腳踩下煞車的時候，你的身體不由自主的往前摔了一大跤，這個叫做慣性，因為車子停住了，你的身體卻停不住。這輛公車跑得越快，它的慣性越大，乘客摔倒的力道就越大，責怪司機的聲音當然也會越大，所以人們總是抗拒踩煞車這件事情。

　　人的大腦同樣習慣追求最快、最有效率的工作方式，最好做一件事情都不用費心思去想，最好可以進入自動導航模式，輕輕鬆鬆就可以完成工作。像是開車去上班、打掃家裡，像是拿起便當吃飯，完全不需要思考，甚至還可以一心二用，一邊講電話，一邊就把這些事情完成了，大腦也一樣不喜歡踩煞車。

　　去公司的路上，路口遇到了施工，大腦不能再用自動駕駛了，必須重新 Google 找路線，快要遲到的我會不會焦慮呢？會不會忍不住抱怨起這些人為什麼偏偏挑上班時間施工呢？當我們必須重新思考時，我們就會抗拒它，這就是思考的慣性，這也是人們習性的由來。

　　「思考的慣性」讓人抗拒改變、不願意改變，明明附近

開了一條新路，可以節省十分鐘上班的時間，人們往往寧可走原來的路，寧願習慣原來不理想的環境，所以我們容易錯誤重來，因為總是選了同樣的選擇。

　　思考的「慣性」，在環境有所改變的時候，容易讓我們心慌，因為面臨改變，我們不知道接下來將要面對什麼樣的路口、不知道如何做出正確的選擇，更害怕自己做錯了選擇，不得不絞盡腦汁，死命的思索著。當環境給我們踩了煞車，當別人給我們踩了煞車，當我們不自主往前一摔的時刻，我們是否能夠克服內心抗拒煞車的心情呢？

　　當我們習慣這麼做事情，別人卻給了一個建議，希望我們換個方法：

　　「不用想了，這個人本來就很難搞，他說的那些話，都是為了找我麻煩啦。」

　　思考的慣性，帶來了「成見」，帶來了「先入為主」的看法，讓我們很習慣的責怪別人，看不見事情的本質，所以不容易改變人與人之間的關係，只能一再的，在人際關係這個課題上受苦、受折磨，我們的心情也難以歸零，只能抱怨別人、怨嘆別人。

　　人生本來就是多變的，要如何擺脫思考的慣性呢？

●父親的遺願

接下來，師父要開始說故事了。師父說：「這次濟公師父遇到一對奇怪的兄弟，他聽到大哥說：『弟弟啊，今年田裡的農作物，如果是長在地底下的都歸我，地上的都歸你。』

弟弟竟然也答應了，結果你們知道今年種什麼嗎？你們認為哥哥會怎麼決定呢？他是不是想要占弟弟的便宜呢？」

正在看這本書的你們覺得呢？

師父說：「這哥哥就說：『既然你同意了，那今年先種蕃薯，由我收成；明年再種地上的作物，由你收成。』哥哥的提議不公平嗎？當然沒有，畢竟是大家先講好的，只要兄弟兩人都同意，那就沒有問題。

濟公師父卻跳出來說話：『哎呀，做大哥的不可以欺負弟弟啊，你們應該要一起種才對啊。』

大哥說：『但是我們之前就講好了，這也是我們父親留下的規定。一年種地下的農作物歸我，一年種地上的農作物歸弟弟，就是這樣輪流下去。既然是父親的規定，我們也無法改變。』

弟弟跟著附和說：『對啊，這是父親的規定，只是每次

輪到我收成的時候，我都收不到農作物，也賺不到錢，所以我窮得要命。可是大哥以前是住破草屋的，現在都已經蓋起樓房了。』聽到弟弟的話，你們認為哥哥是不是好人呢？

大哥說：『但是，我只是照著父親的規定去做啊。』兄弟倆還說，他們的父親早已經過世了，在這個時候，濟公師父要如何處理呢？

平心而論，這做大哥的確實是照著父親的話在做，但是他有沒有占弟弟的便宜呢？雖然照他們的說法，大哥是沒有占弟弟的便宜，但是看起來就是占了弟弟的便宜嘛。大哥只知道照著規定走，又不知道要變通，雖然大哥不是故意要占便宜，但是每年耕種的時機都是對他有利。

他們的父親早就把每一年要種什麼作物，都已經規定得一清二楚，當初父親是為了避免兄弟兩人的爭執，才訂下這個規定，但是父親卻沒有想到變化無常，兄弟兩人照做的結果，卻造成弟弟完全賺不到錢，只有大哥賺了錢。畢竟每一年的氣候變化，每一年的市場價格，適合種什麼農作物，都不是父親有辦法提前知道的。

濟公師父問：『這件事情，難道不能夠改變嗎？』

弟弟說：『沒有辦法改變，今年種的是蕃薯，收成又沒有我的份了。』

　　這個時候要怎麼辦呢？如果你是濟公師父的話，你要怎麼處理？濟公師父就說：『弟弟啊，既然你們要堅守父親的規定，師父也不好破壞這個規矩，不如這樣吧，你跟著師父去遊山玩水幾天，田也別種了。』

　　弟弟心想，反正也賺不到錢，好吧，就跟著濟公師父去遊山玩水吧，兩人就這麼出發了。」

●做人的禮數

　　故事繼續：「濟公師父和弟弟兩人來到一個村莊，剛好看到一戶人家在辦喜事，濟公師父就對弟弟說：走走走，師父帶你去吃好料。拉著弟弟直接就在酒席裡，找了位子坐下來。

　　辦喜事的人家，看到濟公師父穿得破破爛爛的，又帶著一個陌生的年輕人，如果你們是主人家的話，你們是否會把濟公師父趕出去呢？

　　不過故事的主人家因為辦喜事的緣故，他也不怕別人來吃，所以不會趕人。其實說起來也是濟公師父厲害啦，他在進門的時候，還給了一個紅包，上面寫了大大的幾個字：『濟公師父』，而且他還包了一文錢在裡面。你們別笑啊，濟公師父再怎麼說也是有包禮，雖然只有一文錢，基本的禮數還

是有做到，如果你們家辦喜事，有人包了紅包一百塊，你要不要讓他來吃啊？當然還是要啊，他也有做到禮數嘛。

　　兩人坐下後，弟弟感到渾身不自在，畢竟是個種田的人，個性比較純樸，他也不敢動筷子，濟公師父說：『哎呀，趕快吃啊，師父有包紅包，你怕什麼啊，這裡都是自己人啦。』

　　濟公師父拚了命的吃著，而弟弟只吃了一小塊肉，他很緊張的注意著四周人們的目光，不好意思吃菜。這時，主人家來敬酒了，『請問這位聖僧是從哪裡來的啊？』

　　濟公師父沒好氣的說：『哎呀，問什麼從哪裡來的，這麼不客氣，師父是打西邊來的啦。因為看到你們在辦喜事，就來湊個熱鬧，師父也是想包個紅包，給你們添點喜氣，我可沒有白吃你們一頓哦。』

　　主人家並不介意，笑著說：『這位師父請坐請坐。』

　　弟弟也坐了下來繼續吃菜，他一輩子也沒有見過這麼好的菜色，有龍蝦、九孔，那都是上好的菜色啊。但是師父提醒你們，以後如果看到人家的喜酒有龍蝦、九孔，記得紅包要多包一點，不要讓人家賠錢啦。

　　終於吃飽了，弟弟說：『師父啊，我不曾吃過這麼上等的菜色，但是吃這一頓飯的心情，讓我的胃都抽筋了。』

　　『為什麼會胃抽筋啊？』濟公師父問。

　　『因為心裡不自在啊，不習慣這樣白白吃別人的東西。』

　　濟公師父卻說：『沒關係啦，一回生，二回熟。等吃了三次之後，你就會吃得很自然了。』

　　到了第二天，有個員外為了慶祝父親九十歲的壽誕，他也要辦桌。濟公師父又拉著弟弟說：『來來來，這一間不錯，我們趕快來吃。』

　　既然是要祝壽，當然要準備壽禮，濟公師父也不馬虎，他買了一副燒餅油條，包成一個禮物，上面寫著：『祝賀壽翁的歲數就像油條的油一樣，源源不斷，又如同燒餅上的芝麻那樣多，壽與天齊。』這樣的吉祥話，任誰聽了都覺得開心，濟公師父一邊走還一邊喊著：『壽翁與天長壽～～』，主人家歡歡喜喜的招呼濟公師父兩人入了座。

　　你們看，濟公師父不管去到哪裡，都有注重禮數哦，只要有禮，大家就不敢趕他走。所以你們要明白禮數，去到一個新的工作職位時，也要知道怎麼做好禮數，送個禮給主管，讓主管認識我們，日後的工作才好做，在官場、職場上，這件事是相當的重要啊，千萬要記得。

　　坐下後，弟弟睜大了雙眼，因為他沒有吃過這樣豐盛的

豬腳麵線，這一次他馬上迫不及待的就吃了起來，人家說一回生、二回熟、三回自然，他居然第二次就吃得很自然了，濟公師父看了直說：『年輕人啊，你也吃慢一點，別讓人家看笑話啊。』

弟弟擦了擦嘴說：『師父啊，跟您在一起真好啊，好奇怪，怎麼別人都不會趕你出去呢？我以前也曾經想要這樣做，但是結局都會被人趕出去，就算我包了紅包，也會被退回來。師父您只包了一文錢，我以前至少也包了六文錢，我包得比較多，卻還是被別人趕了出去。』

濟公師父笑了笑說：『哎呀，這就是做事的秘訣啊，明天師父再帶你去吃其他的好料。』」

一回生、二回熟，雖然不習慣這樣吃別人的喜宴，雖然心裡會覺得不舒服，但是做了之後，才會明白其中的訣竅，師父不是要鼓勵我們占人便宜，而是要我們習慣挑戰自己的舊思想，習慣新的想法與做法。雖然「重新思考」會帶來不舒服的感覺，但是做了之後，更容易明白其中體會，更能夠習慣改變。

好像故事中的弟弟以前包六文錢，會被趕出去，為什麼濟公師父只包一文錢卻沒有被趕出去呢？那是因為濟公師父

的身分、他懂得說好話、懂得注重人情世故，這就是弟弟需要分別體會的地方。不是怨嘆自己的身分不如濟公師父，而是更加努力提升自己的實力、練習口才，學習做人做事的分寸，那才是我們需要的改變。

●算命仙的一句話

故事繼續：「到了第三天，有戶人家要做滿月酒，滿月酒就是吃麻油雞，濟公師父一樣要準備禮數，於是找了一塊布，剪了幾刀之後，在上面寫了幾個字：『濟公活佛賜』。於是帶著弟弟就準備去吃麻油雞，一進門他就喊道：『喂～～來吃麻油雞喔，西湖靈隱寺濟公師父來了哦，特別送了一件濟公內褲給令郎啊。』

如果是你們，會不會接受啊？

這是別人的好意，當然要接受啊，雖然心裡不痛快，主人家也只能啞巴吃黃蓮，有苦說不出。畢竟是辦喜事，也不要破壞了氣氛，主人家心想：『從來也不認識什麼濟公活佛，遇到這樣的人也是沒有辦法。』還是收了濟公師父的禮物。

濟公師父帶著弟弟入座，麻油雞端了上來，兩人馬上狼吞虎嚥了起來。吃了麻油雞裡的一點酒，濟公師父藉酒裝瘋，大聲喊道：『我跟你們說，員外啊，有人說你這兒子絕

對不可以遇到獅子啊，尤其是廟門口的那一對石獅，要是遇到的話，你兒子就會有生命危險啊。其實算命仙的嘴巴什麼都說得天花亂墜，說什麼小孩子看到石獅子會沒命，除非是他自己的頭去撞到嘛。』

聽到這裡，員外臉色一變，神色慌張的說：『師父啊，等您用餐完，想請您移駕到禪房喝杯茶，有事要向師父求教啊。』

濟公師父小小聲的對弟弟說：『等一下又有好料可以吃了。』

這位員外本來是想開開心心的辦一桌滿月酒，卻因為濟公師父的一席話，讓他的心裡有了懷疑、擔心，他等不及要向濟公師父問個清楚。這場酒宴，讓他坐立難安，食不下嚥。

好不容易在禪房等來了濟公師父，員外問：『師父啊，為什麼我的兒子日後在廟裡遇到石獅子，就會沒了性命呢？』

濟公師父說：『那只是因為廟裡人多，一個不小心被別人撞到，才會發生那樣的意外，所以日後去到廟裡，如果看到了石獅子，就要對石獅子拜一拜，向石獅子說一聲，對不起，我傷害你了。為什麼要這麼說呢？先向石獅子行個禮嘛，石獅子就不會咬他了。

　　為什麼師父要跟你說這件事呢？因為你們老是為了算命仙的一句話心情不好，算命仙這麼說，你兒子就一定會撞到石獅子嗎？沒有這個道理嘛。所以請聽師父一句話，以後你要好好栽培這個兒子，不要再聽信算命仙的話，不要相信宿命。』

　　原來是在孩子出生的時候，員外幫孩子算了命，算命仙斷言說他的這個兒子會被獅子咬死，所以特地交代員外，以後絕對不可以讓兒子外出，一定要把他鎖在家裡。濟公師父正是知道了這件事，才用這樣的方法來開導員外，要改變他的想法，也改變這孩子的命運。

　　員外滿懷感謝的說：『謝謝師父，我明白了，往後我不會再把孩子鎖在家裡。』

　　你們一定要知道，凡事多小心就好，不要相信沒有根據的話。

　　濟公師父拉了弟弟說：『走吧，我們繼續遊山玩水去吧。』」

　　師父說，人生要有座右銘，但是座右銘每天都可以更換，所以不用死記著別人的一句話，不用惦記著別人交代的那一句話。不同的時機、不同的身分角色，或許就需要不一

樣的處理方法。

　　就好像「辛勤工作」是重要的，但是每一件事都要用最高標準去要求自己、要求別人嗎？不需要，要看事情的輕重緩急。不同的事情，就要分別不一樣的標準，只要自己願意用心分別，就不會陷入思考的慣性。

●宿命，靠自己改變

　　師父說：「聽到濟公師父說要離開，弟弟問：『師父啊，您不是說有好料可以吃，怎麼這樣就要走了？』

　　濟公師父說：『這三天讓你吃了這麼多的大餐，都沒有花你一分錢，但是真正的好料可不是那些吃的東西。

　　聽師父一句話，人們的一切決定，常常被算命仙的一句話影響。員外為了一句話，就把兒子鎖在了屋內，你有沒有看到師父是如何改變他兒子的宿命？

　　你父親生前留下的規定，也像是算命仙的那句話一樣，自己就要知道如何改變那一句話。兄弟之間，為何不商量一下如何合作、如何改變，何必再去分什麼地上、地下的農作物呢？」

　　你們覺得，這個弟弟會不會去跟哥哥商量呢？他已經被人使喚習慣了，所以他不敢說，也不敢為自己爭取。濟公師

父說：『沒關係，那讓師父去說吧。』濟公師父就這麼去找大哥了。」

在濟公道裡，沒有宿命的觀點，只有自己找出一條更好走的路。

在許多時候，我們以為自己已經無路可走，其實只是習慣了不走新路，不願意去找出新路；因為抗拒改變、想要魚與熊掌能夠兼得、想要人人都不得罪、不想與害怕的人應對。

心裡想要的總是太多，願意改變的總是不足。

●一面之詞，不急著聽

故事繼續：「濟公師父自己去拜訪大哥，濟公師父說：『你看啊，你住這麼好的樓房，弟弟卻住那麼破舊的房子，你的感受是如何呢？』

大哥無奈的說：『師父啊，我也不願意這樣，我曾經跟弟弟說，要他搬過來一起住，反正我的房子大，一定有地方可以給他住，以後田地也一起耕種，但是弟弟就不願意啊。他就堅持我種我的，他種他的，他寧願住在自己的破房子裡，他寧願不工作，有時田裡的工作很忙，他也不願意來幫忙，我也沒有辦法。

　　弟弟總是說，今年是你的收成，所以我不要耕作，他每年都是用一樣的理由，不想工作，到今年已經五年了，每一年都不願意工作。

　　師父啊，您說說看，我要怎麼辦呢？』

　　濟公師父說：『我了解了。』於是把弟弟也叫了過來。

　　兄弟兩人都來到濟公師父面前後，濟公師父拿起一隻杯子，把它輕巧的敲成兩半，然後問兩兄弟：『你們說，這隻杯子破成兩半了，如果師父想要喝水，現在要怎麼倒水呢？現在要怎麼辦呢？要想辦法把杯子合而為一，復原了這隻杯子，它才能夠再裝水。』

　　弟弟明白濟公師父的用意，但他卻說：『師父啊，但是我父親的規定不能改變啊。』

　　濟公師父說：『你們的父親雖然留下了規定，但是他的用意是要你們兄弟合作，不要分開，他就是怕你們分家，才做了這樣的規定。你們不能固守著父親的規定，卻不知變通啊。

　　弟弟，你自己也要知道改變，師父帶你吃了三天的大餐，你吃得很開心，但是師父卻不曾聽你說過一句感恩的話。』

　　所以，你們現在再說說看，這到底是大哥的不對？還是

弟弟的不對呢？你們剛開始時，都覺得是大哥的錯，以為是大哥在欺侮弟弟，但是現在呢？

你們往往只聽一面之詞，然後就把批評的話給說出去了，罵人的話一旦出了口，就收不回來了。所以你們有多少人誤會了大哥呢？有沒有看到故事裡的變化多端呢？為什麼結局會逆轉呢？社會上也常常在逆轉啊，有多少人都因為聽了一句話，為了公平公正，而起了情緒，最後故事情節卻逆轉了。

所以一個領導者，常常因為這樣，而失去了你們的人馬；常常因為這樣，失去了對你們忠心的人；常常因為這樣，失去了甘願對你付出的人，包括了家人的感受。

濟公師父繼續對弟弟說：『你看看，因為你的固執和堅持，因為你不願意跟大哥合作，害你的大哥受人誤會。』

弟弟問：『大哥是怎麼受人誤會啊？』

濟公師父說：『他們都說你大哥在欺侮自己的弟弟。』

弟弟急著說：『沒有啊，我們都是照著規定做，哥哥哪裡有欺負我呢？我明天要出去跟大家解釋說明。』

濟公師父說：『你出去說明有用嗎？你過往的所做所為，已經造成了今日的結果。師父問你，你大哥有沒有說要你搬來一起住？』

　　『有！』

　　『師父再問你，大哥有沒有要跟你一起耕作土地，農作物一起平分？』

　　『有！』

　　『是你自己不要的，你害得大哥被周遭的人們指指點點。你想想，這一切是誰造成的問題呢？如果你真的明白，從現在開始，就搬回來跟大哥一起住。』

　　大哥高興的說：『好啊，我們以後一起住，往後我們種的農作物也一起平分。』

　　濟公師父說：『你們的父親的用心，就是為了你們好，既然知道父親的用心，其他的規定就不用再提了，你們兄弟兩人能夠共同合作，就是完成你們父親最大的遺願了。』

　　說到了這裡，兄弟兩人終於說好，日後一同生活、一同分享，解決了兄弟二人的問題，濟公師父再度搖搖擺擺的，自己去雲遊四海了。」

●啟動自我

　　師父說：「所以啊，有一些混淆視聽的話語，你們要懂得沉穩，不要急著做評斷。

　　如果我們是局外人，就不要搶著去做當事人的功課，如

果魯莽的處理事情，以後你們只會傷心，會讓那些對你忠心的人，一個一個受到傷害。

其實啊，大哥和弟弟都是無奈的，一切是非都是別人造成的，弟弟其實也不是好吃懶做，而是他完全照著規定去做，最後卻被規定綁死了自己。

你們也會為自己設下一些規定：『我的個性就是這樣，我就是要這麼做事』，這樣的習性，會不會害死你們自己呢？好好想一想。」

憑藉過去的記憶、憑藉自己習慣的方法去做事是最容易的。就像一個習慣遵守規則的人，他總是相信只要符合了規則，就不用擔心犯錯，照著規矩做事最安全、效率最快，因為不用再費心思考，卻也因為不用思考，更容易遇到障礙，所以不知變通。

所以習性才會是那麼的難以擺脫，那就是思考的舒適圈；要走出舒適圈，先要自我啟動，什麼是啟動呢？

就像是故事中的弟弟，雖然前三天從濟公師父學到了宿命可以改變的道理，卻還是堅持照著父親的規定做事。他把父親留下的規定當作不要啟動的理由，直到最後師父點出了他的盲點，點出了大哥受人誤會的原因，弟弟才終於願意付出行動，搬去與大哥同住。

　　所以，光是明白道理，並不足以改變自己，因為今天明白了，明天就會忘記，當人們排斥改變，他就會自己搬了大石頭，擋在路的前方，還以為自己無可奈何，以為都是一切都是別人造成的結果。

　　什麼是啟動？

　　師父說：「電燈要靠自己啟動，要靠自己給出電力，不要等別人給我們電力。

　　真正的啟動，不需要別人給我們能源，真正的啟動，是我們自己的心，我們自己就是發亮的燈泡，我們自己就是能量場，我們自己就是太陽，什麼事情都是自己。」

　　先付出行動，當身體有了做的感受，心就會有了感覺，開始感覺到自我的存在。我們將會發現，原來我們是自由的，只要明白動機，就不需要在情緒裡打轉，不需要當一個被習性、規則控制的機器人，然後，就能夠開始覺醒。

　　一個改變的開始，將會推動另外一個新的改變，我改變了，身邊的人也將會一個一個跟著改變。我們的心改變了，我們眼中的世界也會改變，這就是人們說的，境隨心轉。

●規則背後的動機

師父說：「做事要懂得變巧、變通。」

規則固然重要，但是設置規則背後的動機，卻是更加的重要。明白動機，才會知道自己應該如何思考、如何做出選擇，才有變通與調整的空間。

有一位媽媽，她教女兒做一道祖傳的煎烤黃魚，她告訴女兒，這是以前祖母教她的做法，第一步，要把魚的頭和尾巴都切掉。

女兒心裡覺得很奇怪，為什麼一定要切掉頭和尾巴，難道這個動作會影響魚的味道嗎？

好奇的女兒決定回老家去問祖母，祖母聽了，大笑著說：「哎呀，那是因為以前家裡的鍋子很小，放不下一整條魚，才要先把魚頭和尾巴切掉啊。」

保持一個好奇的心，探究每一個規則的背後，是不是有一個明白的動機，一切都可以重新開始，今日的一切都可以重來。

【第十九課】磨難就是祝福

　　在每一個重要時刻，我們是用什麼樣的心情做出決定呢？會不會害怕一個錯誤的結果，所以退縮，所以轉了彎呢？會不會因為看不見回報，所以乾脆不做了呢？

　　每一個決定，都可能成為一個揮之不去的痛苦記憶，也會造就一個未知的將來，我們要如何面對選擇呢？又要如何承擔？

●乞丐與三杯雞

　　接下來的故事，也是師父改編自網路的小故事。

　　師父說：「有一個乞丐，手裡拿著一顆饅頭，走著走著，忽然聞到一股好香的味道。哎呀，是三杯雞，原來這裡有一間賣三杯雞的餐廳，店裡的生意好得不得了。乞丐聞到三杯雞的香味，他好想吃，但是身上又沒有錢，那要怎麼辦呢？

　　這個乞丐想吃三杯雞，你們說，他要怎麼辦呢？當然也只能跟老闆乞討啊，他就對老闆說：『老闆，你煮的三杯雞聞起來好好吃，但是我身上沒有錢，可以施捨我一點嗎？』

這個做生意的老闆，是一個不懂得施捨的人，就罵乞丐說：『走走走！不要站在這裡影響我的生意！』

乞丐默默的退到一旁，心裡還是很想吃三杯雞，他只好聞著三杯雞的香味，一邊聞，一邊吃著饅頭，勉強滿足一下自己想吃三杯雞的心情。

這樣他有沒有吃到三杯雞啊？也算是有啦，三杯雞就是吃那個氣味嘛。

這個店老闆實在是很糟糕，當他看到乞丐吃饅頭的模樣，他很不高興，這個人本來就沒有什麼慈悲心，他想要趕走乞丐，又沒有什麼好理由，於是他心生一計。

老闆對乞丐說：『喂，你有沒有聞到香味啊？有聞到是吧，你用我店裡的三杯雞香味配饅頭吃，那你就要付錢，我可不能讓你白聞啊。』

乞丐聽了，生氣的說：『天底下哪有這種道理，我又沒有點菜，也沒有吃到你的三杯雞，三杯雞的香味大家都聞得到，憑什麼要我付錢啊？』

老闆說：『不行，你聞了我三杯雞香味，你就得要付我一文錢。』

就在這個時候，誰來了呢？當然就是頭上有個「佛」字的，濟公師父來了。

　　濟公師父一來就對乞丐說：『喂～～年輕人啊，你聞了人家的三杯雞，怎麼可以不付錢啊？聞了味道就要付錢啊。』

　　聽到有人幫腔，老闆很高興的說：『師父啊，您來了啊，謝謝您幫我說話啊，改天我請您吃一碗三杯雞。』

　　濟公師父笑笑說：『哎呀，擇日不如撞日，現在就給師父來一碗三杯雞吧。』老闆馬上就盛了一碗三杯雞給師父吃。

　　乞丐這時好生氣啊，他說：『師父你怎麼可以這樣，我只是聞個氣味，怎麼可以叫我付錢啊？』

　　濟公師父一邊吃著三杯雞，一邊嘖嘖的說：『哎呀，這三杯雞肉真是好吃啊。』

　　如果你是那個乞丐，你會不會生濟公師父的氣？

　　老闆的心情很開心，還對乞丐說：『你別走啊，如果你不付錢，我就去報官府把你抓起來。』

　　濟公師父還在一旁說著風涼話：『對啦，趕快付人家錢啦，也不過一文錢而已，真的沒錢的話，師父借你啦。』

　　你們想想，這個乞丐會不會向師父借錢啊？他當然不願意借啊。」

　　如果你是這位乞丐，你願意跟濟公師父借錢嗎？

　　「明明老闆這個要求就是無理的，我為什麼要委屈自己向師父借錢呢？」

　　在一個堅持是非對錯的邏輯裡，我們不可能願意向錯的一方低頭，這樣的情緒，總是限制了我們的想法、思維。

　　故事繼續：「這時，乞丐對著上天說：『蒼天啊，明明我跟師父穿的衣服都一樣破爛，氣味也差不多。明明都是一樣的人，為何啊？為了一碗三杯雞，我聞香味要付錢，他吃雞肉卻不用付錢，老天啊，你怎麼這麼不公平？』乞丐還是憤憤不平。

　　濟公師父卻是悠悠哉哉的說：『不然你也去做一頂有佛字的帽子來戴啊，這樣就跟師父一樣一樣了。你想要吃人家的東西，也要付出一點代價啊。』

　　乞丐氣得不得了，一直說他就是不要付錢，而老闆又說要去報官府，兩人就這麼相持不下。

　　濟公師父只是在一旁看好戲，很高興的吃著三杯雞。等他終於吃到整碗雞肉見底了，這才開口說：『哎呀，乞丐你既然不願意接受師父的一文錢，你有你的骨氣，師父欣賞你

的骨氣。不然，這樣子吧，師父這裡有幾文錢，你過來一下。』

濟公師父把幾個銅板丟在乞丐手上，乞丐一直說：『我不要拿，我不要拿。』

濟公師父說：『不然你把銅板還給師父啊。』

乞丐把銅板丟回濟公師父的手上，銅板發出了『噹噹噹』的響聲，濟公師父再把銅板丟回乞丐的手中，就這樣來回了好幾次，現場只聽見銅板清脆敲擊的聲音。

濟公師父問老闆：『你有沒有聽到銅板的聲音啊？』

老闆還以為濟公師父要拿錢給他，很高興的說：『有啊，當然聽到了。』

濟公師父說：『既然你有聽到銅板的聲音，那麼乞丐就可以走了。』

老闆錯愕的說：『為什麼他可以走了？我只有聽到聲音，又沒有拿到錢。』

濟公師父說：『是啊，乞丐也只有聞到味道，又沒有吃到雞肉，所以大家兩不相欠，很公平啊。』

雙方兩不相欠，但是濟公師父卻賺到了一碗三杯雞，帶著乞丐拍拍屁股走了，留下了一個傻眼的店老闆。」

　　一個聞到了味道，一個聽到了錢的聲音，誰也沒有虧待誰啊，誰也沒有欠著誰。

●乞丐心

　　師父總是要我們參悟，什麼是乞丐心。

　　師父說：「凡事不要強求、固執，別像這個乞丐堅持自己的骨氣，又放不下身段開口，如果他懂得如何柔軟的開口，吃一點三杯雞又有什麼難呢？

　　如果師父是這個乞丐，師父不會抱怨待遇不同。我反而會跟濟公師父說：『師父啊，老闆說要給錢耶，既然我們都穿著乞丐打扮，也算是同道中人，師父您有沒有錢啊？您那碗三杯雞可不可以施捨我一口啊？』

　　濟公師父一定會施捨給他的嘛，因為一句同道中人啊。

　　如果乞丐自己肯開口：『師父啊，我好想吃三杯雞。』濟公師父會不會請他吃啊？當然會嘛，因為濟公師父有錢啊，不要以為濟公師父沒有錢，濟公師父的錢很多啊，只是不知道藏到哪裡去了。

　　你們看，如果這個乞丐願意改變他自己的堅持和固執，自然就會有三杯雞可以吃，店老闆只是討厭他影響生意而已，如果有生意做，老闆當然不會找他麻煩。」

　　一個骨氣的堅持，阻斷了我們成功的機會、開拓人脈的機會，所以放不下自己的身段，無法柔軟自己。

　　所以我們需要學習乞丐心，當作自己一無所有，沒有什麼值得堅持。為了改變人生、為了創造更大的價值，甘願放下自己的尊嚴和面子，改變自己本來倔強的個性和說話。

　　放下了面子，柔軟了身段，能夠低下身子傾聽，聽師父的教導，聽公司主管的指示，完完全全的接受配合，就會更容易與師父的教導接軌，更容易與主管同心，更能夠創造自己被人善用的價值，當我們成為一個「好用」的人，自然不愁沒有貴人。

　　所以，什麼是乞丐心呢？

　　就是「無我」的心，拿掉你我他的思想，沒有看輕自己，也不擔心別人如何踐踏，不去在意別人是如何說我們；願意表達動機，也同理明白別人的苦，樂於付出，把自己放在最低處，所以能夠「無我」。

　　師父總說，師父是一寸人。雖然世上人們常以為自己是五寸，但是師父是用一寸的心，在教導每一個人，因為師父明白他們的苦。為了開導人們，師父願意不顧形象的扮醜、搞笑，用盡各樣的方法，甚至讓別人說師父不靈感都可以，一切只為了打開人們的心。

世上的人們總是要走到絕境、無路可走的時候，才終於願意放下堅持和尊嚴，那些還放不下的，只是還沒有走到絕境處。

乞丐心，喚醒我們天生的良知，因為明白一無所有的苦，更能夠明白別人受過的苦，而能夠打從心底願意改變自己、願意善待別人、願意用不一樣的心態看待身邊的人；用耐心和愛心與熱情，教導孩子與下屬，也用寬容的心教導自己、啟動自己。

●功過相抵

師父說：「這個故事，就是在說功過相抵，你付出了什麼，就會得到什麼，天底下沒有白吃的午餐，上天也不會白白接受你們的奉獻。

濟公道中不談因果，只有功過相抵。」

濟公道與其他宗教最大的不同之處，就是功過相抵的思想，與累世因果的思想不同。因果論說：「若問前世因，今生受者是。」意思是說，前世的所做所為，造就了我們現在的命運，造成了我們此刻所受的苦難，就像是一種懲罰，就是我們該受的磨難。

其實不然，在濟公道裡不談因果，只有功過相抵，那些上天安排好的磨難，都是以不同形式出現的一種祝福。它在催促我們趕緊提升自我，催促我們趕快啟動自己的改變，給予我們學習模仿的動機。

它給了我們奉獻付出的動機，用奉獻付出改變自己的外緣，與人們廣結善緣，無所求的給，給時間、給觀念、給用心，為自己造就新的福德，抵消過往累世的業障，慢慢的遠離因果宿命。

讓我們用學習模仿改變自己的內在，學習修心與修口，擺脫過往的個性和習性，轉變心態與思維，變化與人的應對方法和態度，改變自己，改變身旁的人，不再造出新的業障。

所以，濟公道的道路總是坑坑洞洞、總是跌跌撞撞的，因為在每一次的失敗、受苦，甘願受苦的心，如同消除了業障，同時，我們也在提升自己的格局與思維。

師父說：「師父的門生們，每一個人都經歷過痛苦經驗。有的人做生意賠錢上百萬、或者被人倒帳上千萬，並不會因為跟隨了師父，就保證他們事事順利，這就是跟隨濟公道的感受，一個人一定要經過失敗，沒有失敗的過程，不可能會

成功，所以人們說失敗為成功之母。

　　但是記得，不要談失敗；我們濟公道的人不說失敗二個字，人生只有失氣二個字，千萬別讓自己失去了志氣！」

　　如果失去調整自己的信心，如果不能夠振作自己，那就失去了志氣，那才是真正的失敗。

　　既然有了乞丐的心，既然不再害怕別人怎麼說，自然不需要害怕失敗，只需要不斷的啟動自己，不斷的做，無論失敗或成功，仍然不斷的調整、付出行動。一時失敗，只是表示我們的能力還不夠、實力還不足或是時機尚未到來，繼續的調整自己，常保自己的志氣，守住心頭堅強一口氣。

　　武俠小說裡有句話說：「他強由他強，清風拂山岡。他橫任他橫，明月照大江。他自狠來他自惡，我自一口真氣足。」

　　就是這麼一口氣，不肯認輸的志氣，堅持要撐過去，而且還可以笑著欣賞、讚賞自己這一路的努力，感謝自己能夠走過了那些難關，這就是濟公道的笑笑人生。

　　如果不小心說錯了一句話，我們就敢用十句好話去彌補它；所以不要怕開口，不要怕嘗試。

如果拿了別人一兩，我們就敢還人一斤；所以不要害怕接受別人的好意。

如果領了公司的薪水，自然要用心的給、用心做事；對老闆完全的接受配合，自然會得人疼，受人重用。

如果有心奉獻，就不去擔心有沒有回報；記得一句給無所求，凡事不會徒勞，上天必然不會虧待我們，只是回饋我們的方式，與我們的想像不同。

如果明白動機，就要啟動自己的改變；既然選擇了啟動改變，那就不再怕別人的口會如何說，也不在乎別人有無誇獎。做了就忘了，在過程之中，得到的磨練與經驗，那才是最重要的。

不斷的做，不斷的調整思維，不要再讓錯誤重來。在濟公道的功過相抵之中，一切希望都來自於自己的敢做。

【第二十課】做自己的貴人

　　接受一份信仰，並不只是定期去給神明點個香，或者是每天定時的唸唸佛經、做做功課而已。信仰的意義，不只是找到一個心靈慰藉，信仰之中真正的意義，是在信仰裡參悟新的思想，啟動自己付出不一樣的行動，啟動自我的改變，更為自己找到一個轉變人生的方法。

　　好像人們花時間去上駕訓班，不只是為了考張駕照，而是為了能夠開車上路，只有真正的開車上路了，這一張駕照才有意義、才能夠發揮它的價值。

　　我們吃齋、唸佛，我們學習佛法、研讀佛經，是為了什麼呢？

　　學道，是為了證道，能夠務實的把這些「法」都用在生活之中，更是用在自己身上，從自己開始做起，自己證明了道理的好處；在未來，有機會把自己證明的經驗，分享給更多的人、也幫助更多的人，這樣的信仰，是不是更有意義呢？

●愛因斯坦的相對論

世上究竟有沒有神？

神明在哪裡？你有看見嗎？信者恆信，一切都是自己的感受，不需要批評別人的感受。

世上有沒有道理呢？當然有，花朵為什麼會開？地球為什麼會運轉？大地萬物為什麼能夠欣欣向榮？天地萬物的生老病死、共興共榮，都有它的定律與道理。

有一位企業家來見師父，師父說：「想要聽師父說話，就需要明白，師父所說的每一句話，都是現實的，都是實際的。

師父問你，你希望此刻對你說話的神明是真的，還是假的呢？是愛錢呢？還是愛功德呢？」

企業家回答：「我覺得應該是要錢，也要功德。」

師父說：「世界名人愛因斯坦，大家都認識，他最有名的就是相對論。一個人如果愛了錢，他只好放棄功德；一個人如果比較愛功德，他就要犧牲金錢，這兩個選擇是相對的，只能選擇一個。

一個人如果只愛錢不愛功德，整天心裡都是滿肚子火，一分鐘也無法等待，只是急著賺錢，他就不可能顧全功德。

　　另一個人如果只愛功德不愛錢，他只關心自己的功德要怎麼完成，功德心限制了他做事的規矩、企圖心，他又要如何把事業做好呢？

　　這兩種人如果不懂得奉獻，那也是沒有用的，這就是相對論。」

　　古佛說：「你如果想要發財，你不會發財；你如果不想要發財，那你一輩子也不會發財。」

　　人生的價值與意義，並不在於金錢與功德之間，何必糾結兩者選擇？不如啊，我們先追求不一樣的信仰思想，先明白如何學習、模仿、奉獻、付出；先追求自我的思想轉變、應對的改變，人生自然就會改變。至於金錢與功德，一切都是自然而來的。

●第一個啟示：上帝的信仰

　　師父說：「愛因斯坦重視兩件事情，一個是幽默，一個是想像力；愛因斯坦也注重兩件事情，一個是宇宙，一個是人的愚昧、愚蠢。

　　在他的自傳裡曾經提到，他是不相信上帝的，他認為世界上沒有上帝的存在，有一天，有一個人寫信問他：『愛因

斯坦先生，你是否相信上帝？請您在五十字內回答我這個答案。』

愛因斯坦要如何回答呢？明明自己不相信上帝，但是他身為世界知名的科學家，又是一個名人，如果他說自己不相信上帝，他要如何面對信仰上帝的教徒們呢？

以愛因斯坦的地位來說，他的回答，是舉足輕重的，世人都等著他的答案，最後愛因斯坦是這麼回答的：『我當然相信上帝，但是我們相信的上帝是不同的，我相信的上帝是不擲骰子的，世事不是憑運氣、機率決定的。我相信的上帝，是遵循宇宙自然的法則。』

這就像是我們的濟公道，講的是熱情、愛心，卻仍然有人說師父是假的，你們看看，愛因斯坦雖然不相信上帝，卻不會說別人的信仰是假的，為什麼呢？因為他相信的上帝，總是遵循宇宙自然的法則。

如果他一句話就否定了上帝的存在，那些相信上帝的人們要如何自處？畢竟信者恆信啊。

信者恆信，就是人們容易落入的盲點，就像講到宮廟時，許多信上帝的教友們是不會相信的，如果他們遇見了師父，他們會相信嗎？應該不會，搞不好還會說我們的神明不存在。

　　但是，愛因斯坦有批評嗎？沒有，師父也一樣，從來沒有批評別人的信仰，上帝的教友們如果看到愛因斯坦的自傳，如果他們發現愛因斯坦曾經說上帝不存在，他們會不會因此生氣？但是，他們自己也會批評別人的神明不存在啊。

　　這就是相對論，這就是一種相互對立的思想，所以歷史上才會有了宗教戰爭，才會有了十字軍東征，就像你也是信上帝的教友，你們宣傳世間有愛、人間有愛的道理，而師父宣傳的是熱情與愛心，沒有對立的感受，

　　為什麼我們不能互相推廣價值，相互宣傳呢？又何必互相的對立呢？許多人受到了宗教的限制，他們想要尋找道理，他們的心裡為難、痛苦，因為找不到自己需要的道。

　　很簡單，只要明白如何做得到。」

　　信者笑說：「做得到，做的道，也是一種道啊。」

　　師父說：「對啊，做得到就好了，何必用宗教信仰限制自己呢？愛因斯坦雖然不信上帝，但是他還是可以給別人一句話：『我當然相信上帝。』

　　在宗教信仰的世界裡，許多人感到為難的地方在於，他們的宗教信仰無法與生活相互配合，我們要把信仰裡學會的道理、方法、思維應用在我們的事業之中，而不是把宗教信仰放在事業裡宣傳。

　　就像師父教導你們濟公道，是在事業裡面與別人交陪，對人有愛心、沒有對立、沒有嫉妒心，這就是我們今天要走的路。」

　　愛因斯坦智慧的回答，點明了信仰在於宇宙自然的法則，卻不在於有神論或是無神論。

　　既然跟隨了上帝，那就跟隨上帝一同遵循宇宙自然的法則，探究宇宙自然的法則；就像佛教的修行者跟隨釋迦牟尼佛，是為了學習佛法，學習解脫煩惱的方法；跟著師父學習濟公道，也要把濟公道應用在我們的個人、家庭、工作之上。師父講的道理，都是日常生活中的實際應用，要怎麼跟老闆說話、要怎麼領導下屬、要怎麼照顧伴侶的心情、要怎麼教導孩子，都有其中的道理。

　　明白了信仰的內涵，明白了相對論的對立心情，就沒有了宗教信仰的對立，沒有了神明的對立，更不會有人與人的對立，只有共同的興趣。

　　在濟公道裡，神明是自己的感受，道理是自己的感覺，所以一切尊重別人的感受與感覺，在濟公道裡，沒有信者恆信，只有自己的實行與體會，自己啟動之後的體會，自己最是明白知道。

在濟公道裡，就是學習如何做到，學習如何做的道。

●第二個啟示：剃頭師傅的問題

師父說：「有一天，愛因斯坦去剪頭髮，當他坐下後，剃頭師傅說：『我這剃頭的技術真的很厲害，您來找我剪頭髮就對了，但是愛因斯坦啊，我有一個問題想要問你，保證讓你答不出來。』這位師傅的口氣實在是無禮。

『好啊，說來聽聽。』

剃頭師傅就問了：『你要怎麼拯救世界。』

如果你是愛因斯坦，你要怎麼回答？如果用你自己的宗教信仰思想，要怎麼拯救這個世界？

愛因斯坦回答說：『你先拯救自己。』

一個人如果感覺不到自我的存在，如果連自己的問題都看不見，他要怎麼拯救世界？就像是一個人堅持宗教信仰，但是卻沒有讓自己想通，『什麼是沒有對立？』、『什麼是博愛？』、『什麼叫做神愛世人？』如果這個人做不到這些想法，不管他說再多的道理，也都是虛假的，如果他還要指責別人的信仰是假的，那麼別人又會如何看待他呢？

就像這個剃頭師傅，連自己傲慢無禮的態度都看不見，又如何談論拯救世界的問題呢？

　　所以，做不到就是假的，做得到就是真的。

　　什麼是『真的』？就是要學會活化，活用世人，世代接替，宣傳永愛世人。」

　　師父說的「真」，就是做得到，讓道理不只是死板板的口號，而能夠深入感受，能夠從心開始改變自己，活化心裡原來已經死氣沉沉的想法；能夠開始轉變自己過往的固執想法，能夠改變自己的說話、口氣和態度，這就是「活化」的開始。

　　「活用世人，世代接替」：能夠由心而發的，活用那些道理在世人身上，能夠用好的應對，改變別人對待我們的態度，能夠讓這些好的道理世世代代的接續下去。

　　「宣傳永愛世人」：用宣傳來傳遞我們對世人的愛心，宣傳我們心中善的知識，宣傳人與人之間沒有對立的思維，宣傳我們自己實行的體會和感受。先要拯救自己，先活化了自己，先活用了道理，先改變了自己對人處世的方式，然後才能夠宣傳，用宣傳去幫助別人。

　　許多人們帶著煩惱來尋求師父的幫助，他們擔心孩子，擔心家人，師父也是同樣的點醒：「先把自己照顧好，他們自然就會改變。」先要改變心中的固執和框框，我們才有能

力改變自己。

　　跟隨信仰，不是為了改變世界，不是為了改變別人，不是在真真假假的問題裡打轉，不是在我對你錯的對立想法中製造問題。

　　跟隨信仰，是為了做得到，為了幫自己的心注入活水，改變心中的一灘死水，改變心中的失望、絕望與害怕；然後堅強自己的心，快樂自己的心，也讓身旁的人感受到那份快樂，善待了自己，也同時善待了別人。如果現在還做不到，那就再學習，只有做得到，才是真的。

　　先要拯救你自己。

●第三個啟示：貴人的慈悲

　　貴人在哪裡？

　　師父說：「愛因斯坦平時總是盡量的低調，盡量避免在媒體、記者前露面，也避免不必要的交際應酬，但是有一天，他為什麼會接待了一位畫家呢？

　　以愛因斯坦的名氣，當然有許多的人想要接近他、巴結他，想要迎合愛因斯坦，以得到一些好處；然而這位畫家在愛因斯坦的家門口等了五天，都得不到愛因斯坦的接見，這時他實在等不下去了，趁著愛因斯坦正要出門，他把愛因斯

坦攔了下來，這時的愛因斯坦正急著要趕赴一個約會。

　　『愛因斯坦先生，請聽我說一句話！』

　　『有什麼事我可以幫忙的嗎？』，愛因斯坦相當的客氣。

　　『現在的我三餐不繼，身上一點錢也沒有了，我需要畫一幅您的畫像，我的日子才能過下去啊，千萬拜託您，給我十分鐘的時間，讓我完成這幅畫像好嗎？』你覺得愛因斯坦會答應他的要求嗎？」師父這麼問。

　　企業家回答：「他會答應，因為畫家有表明原因，如果沒有這一幅畫，他活不下去了。」

　　師父笑說：「說得好，畫家表達了自己的動機，所以愛因斯坦推掉了約會，給了畫家十分鐘完成這幅畫，畫家也因為這一幅畫，結識了愛因斯坦這位貴人，創造了一個成功的人生。

　　雖然一開始兩個人並不相識，但是畫家能夠直接表達動機，愛因斯坦也有慈悲之心，而且遵從自然法則，這也是為什麼愛因斯坦能夠聞名於世界的原因，而得到世人的尊崇。感受一下愛因斯坦的慈悲感受，如果你我素昧平生，當我窮困潦倒時，你將如何決定是否要幫助我呢？

　　還是那一句話，共同的興趣。

如果沒有共同的興趣，如果不是順從宇宙自然的法則去幫助別人，如果還是陷在金錢與功德的相對論之中，人們就容易困在別人的批評、比較之中，有時明明做了好事，卻反而得到了負能量。

濟公道裡，沒有什麼正能量，也沒有什麼負能量，濟公道只有一句話：『用熱情改變別人對待我們的態度。』

不要被信仰限制了做事態度，不要限制了自己的做法，該要霸氣的時候，就要霸氣。要明白，雖然我們懷有仁慈的心，但是別人不一定就會感恩我們的仁慈，濟公道裡沒有敵人、也沒有朋友，濟公道裡只有共同的興趣。」

愛因斯坦說，信仰是遵循宇宙的自然法則，上天有好生之德，所以他取消了約會，也幫助了畫家。

信仰，是一種道理，但不是我們的包袱，也不是我們的枷鎖，更不是一種情緒勒索，不會用慈悲心逼迫我們做出選擇。

轉變我們對於信仰的想法，明白自己的動機，改變自己的心情，做出不一樣的信仰。

●貴人，源於自己的行動與啟動

　　從前，公司有位剛來的年輕同事每天一早七點就準時到公司上班，晚上一定待到九點以後才下班，結果，當他到職滿一個月的時候，主管決定解聘他。

　　有人或許會批評說：「哎呀，這個員工這麼努力工作，主管為什麼不給他機會呢？」

　　如果只在意慈悲心，卻不明白道理，就容易只看見事情的表面，而流於批評。

　　主管告訴我：「正是因為他這麼的認真工作，但是他卻沒有得到對等的成績，也沒有看到他的進步，這表示他不適合這一行。他還年輕，不如早點讓他轉換跑道，這樣對他才是最好的安排啊。」

　　明白動機，才是真正的慈悲。學習濟公道，我們學習如何擺脫情緒勒索、擺脫加在身上的限制和框框，學會明白動機，安定的付出行動，就像畫家能夠不畏人言的，直截了當的，說出自己求生存的動機，所以才找到了貴人。

　　如果他只是一直想想，想像著開口之後的感受，想像著旁人的眼光，想像著愛因斯坦的反應好壞，恐怕每一個想想，都會讓他想了又想，想了再想，就是開不了口，貴人就算來到眼前，也如同遠在天邊。

貴人在何處呢？就在自己的開口與行動之中。

●找到你的貴人

師父問：「所以你們是不是也需要一個貴人呢？就像這位畫家找到愛因斯坦那樣呢？

除了貴人之外，你們還需要找到一位非常不凡的名師啊，師父跟你們講，師父認識一位名師，師父跟他交情好的不得了，每天都一起喝酒、談天，以後你們要是看見一位身穿黑衣，頭上戴個帽子還寫個佛字的，那就是他了，你看見了沒有啊？」不用說，這打扮說的就是師父啊，周圍的笑聲不斷。

企業家說：「我明白就是師父您，那麼，我要去哪裡找到我的貴人呢？」

師父輕描淡寫的說：「自然啊，先要學會養福，先要學會怎麼『給』。

給，是無所求的給，你要找到共同的興趣，自然會遇到你的貴人，貴人不是你所想像的樣子，每一個孩子、每一個老人都可能是你的貴人，每一個與你有共同興趣的人，都可能是你的貴人。

所以貴人，不是在於外表，而是在你的心底。

　　如果你的心底認為，這人生、這一件事讓你做了感到舒坦，覺得有意義，那就是貴人，那麼自然就會帶來一個大貴人的出現；那是自然的，不是求來的。

　　不要注重別人批評的話語，注重宇宙自然的法則就好了，我們追求的，不是此時此刻的成就，不是眼前就能看到的成功；我們等待的，就像是蒲公英的種子隨風飛翔，等待它找到合適的土壤落下，自然就會發芽、成長為蒲公英。

　　一粒種子，不會在樹幹的分支上長出新苗，一粒種子，是靠著自然界，是按照自然界的法則、因緣長成大樹的，一切自有因緣，一切都靠著你們的熱情與愛心。

　　跟著師父學道吧，這個道字，是道理的道，不是道行的道，不必限制在眼前的困境感受裡，只要這顆心能夠放過你自己，無論你是什麼樣的身分，都能夠完成自己想做的事情。

　　有的時候，一個身分，就像是一個十字架，就像是一個框框，會綁住你自己，不需要用宗教的想法限制自己。師父也欣賞耶穌為世人承受苦難的精神，但是耶穌排斥其他宗教嗎？我想是沒有的，但是這樣的問題，沒有答案的問題，不需要去追根究柢。

　　學習濟公道，並沒有背離你們原來的宗教信仰，因為學

習了濟公道，你們的眼界就會越廣大，看到的視野更寬廣，你們的度量也會越大，你們更知道如何用方法幫助更多的人，如果遇到不認同我們的人，你們就用自己的時間，給時間、給觀念、給用心。

給自己時間，好好的學習、模仿。
給自己觀念，好好的認真看自己。
給自己用心，畫大人世間。

畫大人世間，把這個人世間越畫越大，就像愛因斯坦曾說過的，宇宙是一個圓，這個圓是沒有邊際的，這個宇宙是無限的，所以他最在意宇宙的無限，以及人的愚蠢。」

人為什麼愚蠢？因為看不見宇宙的無限，不明白自己的渺小，還在成日的比較、計較人與人之間的是非。

人為什麼愚蠢？因為受限於自己的眼界，不明白自己有著無限的可能，還以為眼前的失敗就是永遠。

人為什麼愚蠢？因為只看見因果的枷鎖，卻沒有看見因緣轉變的可能。

畫大人世間，循著宇宙自然法則去看世界，就會發現這

世界有著太多我們不知道的故事；每一個人們，都有著他的故事，我們不需要追根究柢，不需要去猜想別人的心思，不需要批評，一切都是古佛說的：「不知道」，只要知道自己的動機，明白自己的動機。

記得先要拯救自己，先做自己的貴人。

給自己時間、給自己觀念、給自己用心，給無所求，為自己養福，廣結善緣。每一個為人設想的念頭，那些幫助孩子、老人、朋友、家人的念頭，就好像一顆蒲公英的種子，總有一天會落地生根、開花結果，幫助我們找到自己的貴人。

在宇宙自然法則裡，哪裡有國界的分別？哪裡又有宗教的分別呢？宗教、國界不應該成為自我限制的理由，那些歧見都是人想出來的，不需要再去追根究柢。

要做自己的貴人，先要找到明師。

●一切是自己

企業家說：「感謝師父，我原本是帶著問題而來，但是師父早就準備好了答案，在師父這一段的說話裡，我已經得到了答案。

請問師父，我接下來，還有什麼事情可以做的呢？」

師父說：「等待，貴人；等待，心靜。

不知道要等多久，一切都是造化，也許老天要磨你，也許別人要磨你，也許是你自己要磨你自己，一切都是自己。

如果你是那位畫家，如果你仍然動機不明，如果你的每一件事都要想想再想想，你要如何得到愛因斯坦的幫助？就算遇見了貴人，貴人也會因此離開。

師父雖然沒有明說，但是你已經得到了答案；日後如果你能夠學會濟公道，你會覺得得心應手，你會得到真正的開心。

你過去所做的，其實不是功德；你過去所做的，只是一個工具，是一間公司的工具而已。

所以功德在哪裡？日後慢慢的學習，自然會了解。」

師父說，一切都沒有慢，接受過去的種種。

接受那些無法改變的事情，心甘願。
面對今日的種種，學習、模仿、奉獻、付出，身甘願。

什麼是等待？「天行健，君子以自強不息」，要像宇宙一樣的運轉不息，按照著自然的法則運行，每一天給自己時

間學習模仿；每一天給自己觀念，認真看待自己的心；每一天給自己用心，畫大人世間，一天天的擴大自己的眼界與視野，給無所求，時刻沒有停歇。

　　每一個想要改變別人的念頭，每一個想要批評別人、想要與別人對立的心情，都要練習轉變，等我們明白了共同的興趣是什麼，一切因緣自然會到來。

　　想要拯救世界，先要拯救自己；想要改變世界，先要改變自己。

【第二十一課】不看、不聽、不言、修口

●在故事中照見自己

聽著別人故事的起起伏伏、情緒感受的時候，有沒有看見自己呢？

師父說：「一個人想要成功，想要有成就，重要的是有耐性，還有在遇到事情時，你是要如何反應，並不是要反擊，也不是要退縮，而是要明白如何處理事情，你們必須明白自己的心態。

其實啊，人沒有十全十美的幸福，一定會有不如意的地方，但是不要再有痛苦無人知的感受了，好好的享受人生吧。一個人的心情不好，其實都是自己的選擇造成的，就算失敗，也要從摔倒的地方爬起來。一個人如果沒有經歷過失敗，沒有經過痛苦，他是不會成功、成就的。雖然失敗無情，又何必折磨自己，所以你們每個人都要覺得自己是幸福的，來到廟裡就要開開心心的。

喂！個性稍微改一下啦。」師父故意望向我這裡，又惹得大家哈哈大笑。

師父說：「你們看，這樣的笑聲，來到這裡聽師父講故事，是不是很快樂呢？

所以啊，一個人如果重視心靈寄託，就要準備走下坡，你就會覺得自己一天不如一天。所以絕對不要有心靈寄託，而要有堅持，要堅持自己的腳步，堅持自我的啟動。師父要你們做的事情也許今天看起來沒什麼，但是做了之後，就會明白其中的感受，更重要的是，思想會改變，成就也會改變。故事不就是這樣嗎？

好好的面對人生的問題和挫折，面對自己的沮喪心情吧，想一想自己的動機在哪裡？別把問題放著擺爛。」

「靜觀，你愛不愛你老婆？」
「愛！！」
「那老婆愛不愛你？」
「愛！！」
「那老婆為什麼老是會糟蹋你？」

講到老婆話題，旁邊有人開始偷笑了，糟蹋？我心裡想，有那麼嚴重嗎？雖然有時會因為意見不同吵架，會讓我感到生氣；但是認真的想，老婆其實對我很好，每次來廟裡

過夜或是出差，老婆都會默默的幫我收拾行李；平時日常起居也都細心照顧我和孩子；想著想著，心裡多了幾分幸福感受，也多了幾分感恩。

我搔了搔頭，有點不好意思的回答：「沒有啦，沒有糟蹋啦。」一旁哄堂大笑了起來。

師父滿意的點點頭說：「所以啊，其實是你自己在糟蹋自己。

雖然師父平時老是開靜觀的玩笑，說他怕老婆啦，說他在家自己都要自己洗內褲啦，你們不要以為真的是這樣，其實他在家中是很有權威的，在家裡像個大爺一般；但是師父為什麼要這麼說呢？就是為了讓他自己感受，一切情緒都是自己作怪，要讓他學會知足感恩，學會把心情放到一旁，學會享受自己的生活。」

這就是師父引導我們的方式，只用了一句反話，就引導了我學會感恩，也跳脫了情緒的自我折磨。

師父說：「放下吧，讓自己的心情歸零，讓一切重新開始，培養自己的感受，得到你享受的生活，這樣不是很好嗎？

　　一個人的命運就是如此，該要面對的，就要去面對；該要處理的，那就好好去處理。當初如果沒有遇到師父，如果你們沒有把師父的教導聽進去，你們現在的人生會是如何呢？

　　如果一個人願意付出努力修行，他就會看見佛的慈悲；如果他總是不願意啟動、不願意奉獻付出，他就會看見佛的殘酷。

　　人的身體就是一個軀殼，來的時候，就要珍惜；去的時候，就要忘記。生死有命啊，師父不可能控制人的生死，師父會知道結果嗎？師父不知道，但是師父會知道你們啟動的機會。

　　人生在世，不離其心。

　　不要折磨自己，不要虐待自己，要懂得享受人生。如何享受人生？就要放開自己，放鬆自己，不要為了一點小事，哭得不成人樣，不值得啊。不要為了一時失敗，就情緒低落，不要為了一點挫折，就覺得人生無望；不要凡事都跟著情緒走，而要把工作和生活都當作是一種磨練，要把人生當作是自己的，不是別人給的。

　　對於人生，要想到自己的未來，未來是什麼呢？就是傻傻的做，就是堅持的做，就是努力學習如何吹響自己的號

角，這就是人生在世的感受。不一樣的心態，就有不一樣的感受。

記得，執著在得不到的感受，是不可能有幸福的，要懂得滿足。」

想要得到，卻得不到的感受太多。

好的工作業績、讓我滿意的另一半、聽話的孩子、一段結束了的感情……，如果執著結果、執著感受，執著不屬於我們的人事物，如果總是覺得心裡有缺，我們就把幸福的感受越推越遠了。

師父說：「放輕鬆吧，人生感受就是如此，世上沒有十全十美的幸福，這就是濟公道的感受。

當世事不如意，當我們什麼都無法改變的時候，要怎麼辦呢？就是一個『順』字，順著社會環境，順著世事情勢去走，記得師父的老二哲學。

要怎麼順？心要順、感受要順、思想要順，應對要順，心裡的不順眼也要順。

每一個人的角色、程度不同，做事情的方法感受也不同，每一個人都有不同的形狀，有的是長方形，有的是菱形

或是三角形，做出來的結果就不一樣，感受也不一樣。師父說的話，對你們每一個人帶來的感受和感覺，也不一樣；自己去想一想，以後你們才會成功，要好好的珍惜。」

人生的故事，就像一面鏡子，裡面有什麼道理，只有自己照見自己的心，才會看見自己，感受良多。

●眼的參悟

師父給了我們一個字去參悟：眼。

師父說：「你們看這個眼字，左邊是目，右邊是個艮字，艮就是八卦裡的艮卦，這個眼字是什麼意思呢？你們去參悟吧。」

艮卦的解釋是這樣的：「艮為山，是山勢重重相疊的卦象；重重的山擋住去路，凡事停止無法前進。」

當你看見這樣的一個卦象的時候，你會如何面對呢？

眼睛所看見的、耳朵聽見的，都是暫時的，那只是眼前的表相與因緣，是因緣而不是因果。在蓋棺論定之前，我們以為的「結果」其實都是暫時的，如果以為這個結果就這樣了，不會改變了，那就叫做「著相」了。其實啊，因緣時刻

都在改變，不要執著於表相，我們應該要看見的，是眼下這段因緣，它的「因」是由何處來、它的「緣」要向何方去，重要的是下一步，要怎麼調整、怎麼採取行動。

不要執著於卦象，要解卦。

且聽看看這一個解釋：

「眼前所見，雖然是阻擋去路的山勢，那就代表此刻需要靜下心來，把自己的心穩下來，看清楚局勢，思維自己的下一步布局，當停則停，當行則行。」

所以艮卦裡的重重山勢，它要阻擋的，是我們躁動、想要衝動的心情，而不是阻擋我們的行動與前進。

所以，不要受到卦象限制，不要被我們看見的事物左右，我們要進一步的思考、探索其中的意境。

比方說，發現孩子說謊了，我們是要見卦反應，還是要試著去解卦呢？

我們很容易因為孩子一個動作、因為別人的一句話，而給他們貼了標籤，認定他們犯了什麼錯，然後只想要快速的「糾正」、「更正」那一件事。面對別人的錯誤，我們會不會就是一刀向人砍去呢？萬萬不可。

　　孩子雖然說謊，也需要懷著父母的熱情與愛心，耐心的了解，他為什麼說謊？不敢講真話的原因是什麼？

　　也許，是因為對我們的懼怕，是因為我們過去過於嚴厲，也許真正的解答在我們身上也說不一定。

　　見山，不一定是山。

●成也修口，敗也修口

　　師父說：「所以被別人罵一句有什麼關係呢？師父每天都被別人罵，『濟公師父啊，您有沒有準啊？』

　　但是，準或不準，是別人說的嗎？

　　所以，你們的好或不好，需要由著別人去說嗎？至於別人的好或不好，也不需要我們去講，不需要去說別人如何對待我們，不要講別人的是非，不需要造這樣的口業。所謂的業障，就是自己的任性開口而造成的。

　　所以凡事要自然而行嗎？要知難而退嗎？都不是，凡事要知難而衝，知難而進。」

　　濟公道，就是自由自在的自我，不會困在別人的口中，也不會困在自己的口中。我們不會擔心別人說了什麼，也不會因為不懂修口而影響到自己未來的路。凡事如果知道困

難，不要退縮，在這個時候，就要尋找方法前進。

如果察覺自己不快樂，就開口與人說說話，要說快樂的事，絕不要說人是非，不要再沉浸在煩惱的事情中，那叫做知難而退，退縮的退、退步的退；在心裡感到困難的時候，讓自己找一件開心的事情去做，可以找朋友聊聊開心的事，這就是知難而進，讓心更進一步的進，讓自己更加進步的進。

學習濟公道，為的不只是心靈的平靜，更是要實際的解決我們的煩惱，濟公師父把方法教給了我們，我們只需要去做。先啟動自己，做起的感受，將會推動我們繼續的前進。

●不聽、不言、修口

濟公師父說：「濟公道的人，他們的腹腸是非常的寬闊。

就像被老闆罵了之後，他也許早就忘記了這件事情，已經在家裡開心的吃他的牛肉麵，而你卻還在這裡想著老闆罵你的話。總歸一句話，不要太注意別人說話的細節，要能夠忍受別人說你一句不好；一句流言傳到你的耳朵，也不要在意。

對於情緒的言語，聽而當作不聽，唯有心知。心裡知道這個東西，聽起來不舒服，你也要知道，這個不是真的，雖

然聽起來自己很不爽，很想要反駁，但是只要你自己沒有親眼看到、親耳聽到，就當作一切事情都沒有發生。

忍耐、等待，想要扳回一城，都不用害怕沒有機會。

濟公道的人不聽、不言、修口，凡事笑笑就好；忍耐過後，到了明天，看到別人，又是笑笑、愛心，你就會得到不同的結果。

靜下心來想一想，這一切哪有什麼。比方說遇到老闆時，笑著問老闆：『要喝咖啡嗎？』雖然心裡超級想要罵人，但是還是要找他喝咖啡，

然後你還可以對自己說：『哎呀，這麼生氣的我，居然還可以找他喝咖啡，我真的是神人啊。』欽佩自己居然可以做到，這樣就是點亮了自己。

老闆或許就會跟你說：『哎呀，上次跟你講話口氣重了點啊，但是也是為了你好。』這樣你的心情是不是就會不一樣了呢，或者中午找老闆一起吃個飯、聊聊天，吃完飯後，你再想一想這幾天心裡的問題，你就不會覺得生氣了。」

記得自己是濟公道的人，在受挫折時，在身處黑暗的時候，就想著自己要如何發光發亮。

　　想像著自己發出的光亮，要如何照耀別人，如何不受侮辱、如何不受委屈，對於別人情緒之下所說的話、做的事，不聽也不看。

　　聽見負面的話語，就讓它們穿透自己的心，不在心裡定點，不去鑽牛角尖，然後可繼續自然的做自己的動機。

　　凡事不聽、不言、修口，凡事笑笑就好，凡事忍耐、等待。

　　師父說：「你們如果能學師父這樣，跟別人幽默的互動說話，你們的人生就會很快樂啊。

　　所以你們要學習，不要因為一點困難，就想要退縮，就想要封閉自己，這樣的人生沒有意思啊。」

　　人與人之間的困難，常常來自於開口，太隨性的開口會帶來煩惱，最後會導致自己越來越不敢開口，不知應該如何開口。

　　但是啊，就算不知道如何開口，還是需要練習如何表達自己真實的動機。只要能夠表達出最真誠的心意，別人一定能夠感受得到。如果能夠慢慢學習師父的幽默口吻，人際關係一定會更好，煩惱更少，修口也修得更好。

靜觀聽聞

釋迦牟尼佛座下的一位僧侶，去向一戶人家化緣，這戶主人很生氣，粗魯的倒了一些米湯在和尚的缽裡，罵他說：「你不工作，就只有米湯可以喝，如果要吃米飯，就用自己勞力去工作！」

僧侶平靜的回禮說：「願您興旺。」主人哼的一聲，大力的甩上了門。

一旁有個苦行僧看到了這一幕，他忍不住上前問：「這人如此粗魯，您卻還是賜福給他，您真是和平的象徵，您是如何做到這樣的堅定自如呢？」

僧侶回答：「我微不足道，這一切都是我的老師釋迦牟尼佛陀的教導。」這位苦行僧也因為這一段對話，而決定跟隨釋迦牟尼佛陀學習。

凡事不聽、不言，知道如何修口，一切自有善緣。

●信仰的力量，在於不移

佛家說的空性，與濟公師父說的緣分，有著某方面的相似。

每一件事情的發生，都是種種緣分的總和。樹木會開花結果，需要種子、土壤和雨水種種條件具備了，才會發生。

想要改變結果，就要從心中最初的善念開始改變，從「我」的心裡開始廣結善緣，當善的緣分足夠時，我們的運自然就會轉變。

師父說：「為什麼有的人起初對濟公師父有怨，但是後來反而感謝師父呢？」

「我明明沒有做的事情，為什麼要這樣說我？」有的人並不明白師父為什麼要這麼說話，為什麼要講一件自己沒有做的事情，那是因為他還沒有經歷過改變的痛苦體會；因為在師父的教導中，並沒有真或假的問題，而是信與疑的分別。

心中有信的時候，我們能試著在師父的教導中，努力找到自己需要調整、需要預防的問題，或許是在過去，或者是在未來，或許在自己還沒有察覺的地方。

在心中有疑的時候，自己不想面對改變的時候，我們一定很容易可以找到理由、說法，去懷疑師父、去抱怨師父。

師父說：「好像有的人明白奉獻心的道理感受，有的人卻會為了奉獻這一件事，怨師父、怨別人。

師父問你們，看到受難的人，你們會主動捐獻；但是如

果看到街頭藝人表演，你們會不會打賞呢？如果你手上有一百塊，你是要打賞給表演的人，還是會選擇去買隻雞腿吃呢？

你們一定要明白，選擇買雞腿吃的人也是對的喔，那並不代表這個人沒有奉獻心，因為那就是他的感受，他覺得買雞腿比較好，這沒有對或錯的問題，那就是代表他當初的感覺。

所以，不要隨便評斷別人的奉獻心，更不要去臆測別人的心態，不需要猜測別人的動機好壞，一個懷疑，就會限縮了自己的格局，也限制了自己的善緣。每個人要如何奉獻，都是他們個人的事，不需要別人評斷。

為什麼有的人們，對我們廟裡是如此的奉獻呢？那就是因為他們自己有所感受，他們賺了錢，所以感恩師父的教導和幫忙，都是有他們的原因。

所以，師父勸你們一句，對於心中的情緒感受，要知道如何自我調適、自我平衡，不用在意別人說了什麼，也不用計較別人的心態好壞如何；別人做的事情，都當作是對的。

在私人的事情上，不要試著用自己的觀念，去限制、或是控制別人，不要為了自己的理念，而想要控制別人做事的方式，除非你有實力。」

一念看他不順眼，百般煩惱惹是非。

別人的行為不影響我的自在，我的作為也不需要事事向人解釋。修一個順眼心，為的就是自己這一顆心的自由自在；順眼心，來自於自我的修心。

修一個轉念，如何把師父的教導轉化為自我的動力，而不是抱怨；

修一個感恩，看別人的善意，放下自己的怨，提醒自己要珍惜。

別人的作為，一定有他自認對的角度；有時，只是我們選擇了錯的角度去看別人。

這些年跟隨師父，看到師父為了教導一個人改變、成就，可以耐心的布局等待一年、兩年，這也包括了我自己。

信，是善緣的開始，不移的不疑，正是護持這顆心堅定的力量。

【第二十二課】讀懂人心，理解動機

　　人與人之間的緣分，如何緣起、如何緣滅，大部分時候都決定在於一張口。要得人心，靠這一張口；要失人心，也是這一張口。

●領導者的條件

　　師父說：「領導者必須能夠忍受孤獨，他才能夠成就自己。

　　一個真正的領導者，他必須要明白，當面對只有自己一個人獨行的前面這條路，他要知道自己未來將要怎麼走出下一步。

　　什麼叫做孤獨？

　　你們也許都以為，孤獨就是孤單，以為他從頭到尾都只有自己一個人，但是師父的解釋不一樣。

　　孤獨，就是一、二、三、四、五、六、七……，『一』雖然只有自己一個人走在最前面，但是在他的旁邊有沒有其他數字？有沒有其他的人？當然有。

　　孤獨，但是並不孤單。

　　『一』是懷著孤獨的心，孤獨的把事情完成，他必須自己做出決定，他必須鼓起勇氣，堅強自己，好去承擔那一份決定。他不需要別人分攤責任，他也不會推卸責任，更不會埋怨別人，這就是他的魅力來源，所以他不會孤單。

　　當他往前看，空無一人，因為自己走在道路的最前方，但是就在他的身後，還有著二、三、四……跟隨著。

　　一個成功的領導者，是有魅力的領導者，所以身邊總是物以類聚，總是有著一群人圍繞著他，因為他們認同領導者的理念、認同領導者的態度和方向，所以越來越多的人願意圍繞在他的身旁。

　　所以這個『一』，是有魅力的『一』，有了這樣的『一』，才會有後面的二、三、四……，才會有越來越多的人跟隨他。

　　比方說，你們看師父是不是孤獨的呢？不管什麼事情，師父還是必須自己一個人決定如何完成，雖然廟裡的神佛兄弟這麼多，他們能幫師父做決定嗎？這一切還是要師父自己去承擔，雖然師父的事情他們幫不上忙，但是啊，當師父真的遇到難關的時候，師父需要有人推一把的時候，這些兄弟會不會出手呢？

　　當然會啊，因為有交情嘛，因為師父的魅力嘛。」

有魅力的領導者，明白清楚自己的方向，明白自己如何接軌，接軌主流的方向，所以身旁自然會有一群朝著相同方向的人，共同前進著。那是物以類聚，那是志同道合的人共同前進，那並不只是我們的下屬，還有著更多可能的合作夥伴，包括我們的貴人。

就算是下屬，他們也未必會與領導者志同道合，下屬的志同道合，需要有領導者的魅力牽引，需要在平時照顧好他們的人心，這些人才不會在我們落難的時候落井下石。

好的領導者必須知道如何挽住人心。

●懂得人心的落差感

師父說：「當你落難的時候，能不能得到別人的幫助，就要看你平日『人心』的功課修得如何，如果我們在平時總會得罪朋友、得罪自己的弟兄，我們哪裡還有『人心』可言呢？

比方說，小華是你的好朋友，可是大明跑來跟你批評小華，說小華哪裡哪裡不好，你會不會因此對大明感到反感呢？

這就是人的通病，對大明的反感是錯誤的。在與別人相處的時候，你們必須看懂人心。

　　在人與人之間的相處，要如何處理『批評』的功課，是一件不容易的事。無論這個批評是針對『我』，或是針對『我關心的人』，都容易造成想法的偏差，無法平心靜氣的聆聽。

　　要明白人心的感受。

　　當大明在批評小華的時候，代表大明的心裡有了『不滿』或是『不足』的地方，那表示大明可能想要得到小華的施捨，想要得到小華的『同理心』，因為得不到，所以心裡會有怨。

　　比方說，大明平時總是買東西請小華吃，大明總是對小華特別的好，但是當大明向小華買東西的時候，小華卻沒有算他便宜一點，甚至價格還比其他人貴了一點，這就會造成一種『落差感』。當自己的真心付出沒有得到應有的對待，以後大明還會繼續請小華吃東西嗎？

　　當然不會，因為大明覺得小華對自己不好；所以，小華就挽不住大明的人心。」

　　這樣的例子，在生活中隨處可見，我們的身旁總有人默默有心的為我們付出，但是他們能不能得到一個值得的感受呢？

　　要如何讓他們覺得值得呢？

　　當另一半為了我們付出關懷，另一半付出了一生的時間、心力照顧我們，就算他今天做了一件我們看不順眼的事，我們還能不能夠記得感恩呢？能不能包容心中不順眼的感受呢？能不能拿出愛心，好好的善待他呢？能不能堅持好好的應對說話呢？

　　當我們的下屬犯了錯誤，我們能不能夠拿出培育人才的熱情，能夠一次、兩次耐心的教導他，給他犯錯的機會，而不要大聲的斥責他呢？

　　懂得以感恩待人，讓他們感受到自己的付出是「值得」的，就能避免許多人心的落差感。看懂了事情的問題點，不給別人貼上反感的標籤，而是試著給對方一個同理的對待，圓滿的處理事情，才不會失了人心。

　　明白人心，才能夠掌握人心；

　　懂得人心，才有得人心的魅力。

●挽人心的分別

　　師父說：「再舉另一個不同的例子。

　　如果今天你的主管在你的面前說到小華的能力不足，對於你的好朋友小華，在這個時候，你應該做什麼樣的思想

呢？在這個時候，你要如何施捨小華，要如何同理小華的心
呢？這時就要學會分別，分別自己當下的角色。

　　主管說小華的能力不足，那是主管與小華之間的事情，
至於我們和主管說話，那就是下屬對上司的關係，這兩件事
情不能夠混為一談。如果在這個時候要選擇為好朋友出頭，
要跟主管翻臉，那就是自己斷了自己的後路。

　　一般的人不懂得分別，因為耳朵輕，聽了一句話，就動
搖了情緒。

　　再問另一個問題，你們的心裡是否希望主管會對你好
呢？是否存在這個希望呢？

　　如果心裡懷有這樣的希望，你們就要開始失敗了，因為
你們期待著別人給你們同理心。

　　身為一個主管、一個領導者，對別人好並不是他的責
任、也不是他的本分，更不是他完成任務的方法，如果他只
能靠著事事對人好，才能夠完成工作，那麼他就要開始走下
坡了。

　　還是那一句話，領導者必須孤獨，必須獨自承擔責任，
完成任務，他就是那個『一』，但是如果他想要帶動後面的
二、三、四……，想要帶動更多的人跟隨他，他就要懂得如
何挽人心。

　　做為一個領導者，他如果能夠懂得挽人心的道理，他的態度與看事情的角度就不一樣了。

　　比方說，有一個部屬能力不足，這樣的人要不要講？要不要教訓呢？當然要講，但是在態度上要用愛心去講，要一點一點慢慢的講，絕對不可以情緒一來，就是劈頭一陣亂罵。

　　凡事要問問自己，我們要不要挽住人心，如果要的話，那就要用耐心，要用同理心，要把同一句話多講幾次，講到他們真正的聽懂。

　　那麼，如果你的下屬犯了錯，害你被老闆指責、怒罵了一頓，這個時候，你會怎麼跟老闆回應呢？

　　如果是師父，師父會這麼回答：『這件事情我會繼續督導，我會找出事情出錯的原因，這一件事情就由我來負責。』先承擔起責任，這樣下屬的感受是不是就不同了呢？

　　但是，如果一個主管選擇發洩情緒，選擇事後臭罵下屬一頓，這個主管就是無心了，他沒有一點挽人心的心思。

　　要記得，無心的說話，總是會傷害到別人。」

　　說話，不能有口無心，一句無心的說話，一句沒有經過深思熟慮的說話，一個人如果總是心直口快，如果他的情緒

總是來得比腦袋還要快，他就容易失去人心，更容易耽誤了自己修口的功課。

●問題：四顆蘋果怎麼分給五人？

領導者要明白動機，更重要的是，如何領導別人的動機。

師父問：「如果你有四顆蘋果，你要如何分給五個人？蘋果不能夠切，也不能讓沒分到的人心裡有抱怨，要怎麼做呢？想一想。」

分配蘋果的動機是什麼呢？只是把蘋果分完就沒事了嗎？

領導動機

師父說：「如果你要分配蘋果，那就告訴這五個人：我有四顆蘋果，想要的人私下來找我。

這麼說了之後，積極追求蘋果的人自然主動來找你，至於最後沒拿到蘋果的人，他也無話可說，畢竟是他自己動作慢。這樣的做法可以增強領導者說話的分量，加強領導力，下一次，他們就會更積極配合領導者的說話。」

在這個回答裡，我們能夠從不同的角色，看見不同的感

受。這樣的說話方式，可以引導動機，讓這五個人更加重視領導者、更懂得注重領導者，也建立了領導者的權威，也是一門挽人心的功課。

但是，如果一切都要講求公平、公正、公開，故事就會是完全不同的結局了哦。

●公平公正，失去人心

師父說：「有許多的領導者，常常是為了一個『公正公平』的堅持，而失去了人心，他們常常說：『我必須要公正公平啊，我不可以袒護自己人，既然他犯了錯，我就是要罵啊，免得被別人說話。』

一個領導者，如果總是怕被別人說話、怕被批評，如果他總是耳朵輕，聽不得別人一句重話，那就是失敗的開始。

設身處地的想，如果你是一個忠誠的下屬，你已經為老闆建立了許多功勞，明明私下的交情也算不錯，但是老闆卻因為別人的一句話，而輕易的指責你們，甚至改變了對你們的態度、想法，你們將會作何感想呢？

當別人批評我們，我們何嘗不希望老闆能夠為我們說句話，如果老闆願意放棄公平公正的原則，是不是更能打動我們的心呢？這就好像人說的『特權』，雖然我們不需要特權，

但是，享受到與眾不同的特權的時候，我們的心情是不是會特別的開心呢？

如果事事堅持公平公正，日後要如何與人交心？如何培養所謂的『自己人』呢？

所以啊，濟公道不強調什麼規矩，濟公道講的就是實實在在的完成事情，濟公道就是自由自在。別人有心對我，我就會有心對人。師父說的這些，都是挽人心的方法。」

公平公正的態度，總會造成人心的落差感，難免傷害了那些為我們用心付出的人心；他們需要的不是公平，而是我們的用心。

●問題：再分一次蘋果

師父再問：「同樣是分蘋果的情境，在這五個人之中，有一個人是你的心腹，是你最重要的左右手，這時你又要怎麼分給這五個人呢？」

我們要不要重視自己的心腹呢？為什麼？這是為了小我的喜歡嗎？還是為了大我留住人才呢？我們自己認為的「公平」重要，還是「大我」的發展重要呢？要明白身為領導者的動機。

挽住人心

　　師父說：「在這個時候，你就要對大家說，你有三顆蘋果，想要的人私下來找你。

　　另一顆蘋果，就是私下留給這位左右手，並且還要特別告訴他：『這一顆蘋果是我特地留給你的。』

　　如果你是這位左右手，聽了主管這麼說，日後你會不會為這位主管掏心掏肺呢？這就是挽人心的做法。

　　同樣的分配蘋果，卻有不同的解決方法，這都是領導者的功課，要學會分別。」

　　每一個選擇，其實都是領導者的承擔，我們必須明白「認主」的重要性，也要在適當的時機點醒下屬、引導下屬，給他們「認主」的觀念。創造出蘋果，就能夠創造學習認主的機會，也會得到一個挽人心的方法。

●所謂道理

　　師父說：「為什麼一樣是學習道理，一樣在學功夫，但是每個人給別人的感受，卻是完全的不一樣呢？有的人把道理用在懲罰自己，有的人把道理用來批判身邊的人，哪一個才對呢？

　　師父告訴你們，學功夫，是為了把道理用來對付自己的

個性，用來改變別人對待我們的態度，一定要記得這麼一句話，你們才能學會如何挽人心。」

道理，不是用來折磨自己的，不是用來批判自己的，更不是用來批評別人。如果心裡都是批評的想法，說出來的話就容易讓別人感受到批評的口氣。

「哎呀，他就是不懂道理，所以才這麼不會說話。」

「你的身材就不適合穿這種衣服嘛。哎呀，換做是我，我才不敢穿。」

心裡如果沒有對別人的關心，如果沒有一份共同的興趣，他說出來的話就無法改變別人對待我們的態度。

所以，道理是用在對付自己的個性、對付自己的傲慢、對付自己的情緒，道理是用來開導自己的心，是為了平息那些看不順眼的情緒，所以，我們先要修心，要從心裡停止對別人的批判。

●融入角色，明白動機

師父說：「人生不是靠靈感、不是靠靈知；而是以動機做事，用動機去看別人，從做人的角度去做事。

你們看看師父，有沒有耐力呢？師父的熱度、熱情，你們做得到嗎？師父每一次的濟世，總是對每一個人耐心說

話，有熱情的說話，無論到多晚，師父都保持著笑容，這就是你們要學習的地方。」

話說到這裡，師父要一位女門生去試著扛神將，神將相當的重，她當然難以負荷；這時，師父叫女門生的丈夫趕快去接手，做丈夫的當然二話不說，趕緊接手扛下了神將。

師父說：「你們看，師父這樣的安排，是不是就讓他有了扛神將的動機呢？師父教導每一個人，總是這麼耐心的、花費心力的布局，動之以情、誘之以利，為他們製造改變的動機；因為只有這麼做，才能讓每一個人都對我們的廟有向心力，這就是領導者要做的事。

你們為什麼會做不到呢？因為你們沒有耐心。

所以師父要你們學習道理，慢慢的學，師父自然會教導你們如何做到。修道這一條路，不是為了忍受別人的氣，而是為了培養自己的耐心、熱情，這是我們修道的天職。

修道，不是比較靈通的高低；人就是人，學會如何做人而已。

濟公道，從來不與別人做比較。濟公道只有一句話，就是軟 Q，就是熱情，就是熱度。不要讓自己的情緒失控，要保持快樂。

你們要從動機開始學起，多多的聽師父的故事，學習做

人的動機。比方說，有一次老陳在泡茶，他一邊泡茶一邊招呼了在場的幾個人過來喝茶，但是偏偏漏了大丙，大丙發現自己沒有被叫到，心裡很不舒服，就掉頭推門出去了。

　　大丙於是跑去找老總訴苦，抱怨為什麼老陳泡茶不叫他喝，說老陳這個人一定是看高不看低，看他不起，如果你是老總的話，你要怎麼處理？」

　　如果你是主管的話，你會怎麼回答呢？要怎麼化解大丙和老陳的心結？

自己表達動機

　　師父說：「如果是師父的話，師父會問大丙：你有沒有告訴老陳，說你想要喝茶？你有沒有表達你的動機？讓我帶你去找老陳，他一定是沒有看到你。

　　要融入自己的角色，明白自己的動機。這兩個人都是你的下屬，如果這時你附和了大丙的話，也跟著說老陳的不對，日後大丙就會抬高自己的身段，以為自己有老闆幫他撐腰。

　　所以我們先要求他自己表達動機，因為每一個人都是平等的，想要什麼都應該自己表達，做為領導者，不可能面面俱到，不可能在每個人面前都扮演好人。

教導下屬，就要從動機開始教起。

就像你們有心成為師父的門生，動機就是學習、模仿、奉獻、付出。師父的動機，就是教導；培養你們成為一個敢說話、敢表達的人。去外面與別人宣傳，就要重道理，把宗教信仰中的道理說出來；我們的靈通，就是經過我們的道理和經驗，去牽成別人。

有的人總是懷疑，世上到底有沒有神？總是半信半疑，或者是十分的相信，十分的懷疑，心裡沒有足夠的信心，這樣的信要如何成就自己呢？

神，是從哪裡來的？要怎麼看得見？

神，就是用道理跟你們說話，是教你們用你的經驗看事情，是教你們用學習、模仿去延續人生的道路，是教你們用奉獻、付出轉化你們的人生與未來。」

用我們自己的學習、模仿、奉獻、付出來改變自己的人生，這才是神蹟，是天助自助者的神蹟。

●故事：貓頭鷹的孩子

我們是用什麼樣的角度在看事情呢？需要怎麼樣的看，才能看得清楚呢？

關於理解別人的動機，師父又講了一個小故事：「有一

隻貓頭鷹，生了五個孩子，牠跟老鷹達成了協議，牠說：『我的孩子啊，好漂亮，好可愛啊，每一隻羽毛都好漂亮啊。』

老鷹說：『好，我以後一定不吃你的孩子。』

三天以後，老鷹飛過貓頭鷹的巢，看到五隻雛鳥，一口氣就把五隻雛鳥都給吃了。這隻貓頭鷹剛好回來，牠很傷心的罵著老鷹說：『我們不是達成協議了，不可以吃我的孩子啊？』

你們知道老鷹怎麼回答嗎？

老鷹說：『你說你的孩子長得很可愛又很漂亮，可是這五隻既不可愛也不漂亮，一定不是你說的那五隻小鳥，所以我就吃掉了啊。』

那要怎麼辦啊？是貓頭鷹自己說孩子很漂亮的啊，這貓頭鷹應該要仔細的把孩子的模樣形容出來嘛，長什麼樣子，要一清二楚的講啊，不然被老鷹吃掉，這要怨誰呢？」

有一個很有趣的心理測驗，讓我們一起來測試。讓我們舉起右手食指，在自己的額頭上畫一個大寫的 Q。

畫好了嗎？最後那一筆是畫在你的右眉，還是在左眉呢？

如果你畫在右眉，表示你這個字是寫給自己看的，如果畫在左眉，表示你是想著要寫給別人看的，這就是表達角度

的不同。在說話的時候，我們究竟是把話講給自己聽，還是要考慮怎麼講，才能夠講到別人聽得懂呢？

就像貓頭鷹用自己的角度描述孩子的可愛，老鷹可以選擇看懂，也可以假裝看不懂，就算老鷹答應了不吃貓頭鷹的孩子，牠就真的不會吃嗎？更是要注意對方的動機啊。

面對老鷹，貓頭鷹其實沒有天真的本錢，牠應該把自己的孩子模樣，明白的、客觀的形容出來，然後取得有效的協議或合約。就像是在商場上面對競爭對手的時候，不能天真，不能全然放鬆、信任對方，時時刻刻都要有無比的認真、謹慎，一刻都不能夠放鬆。尤其是在財務、合約方面的事情，更必須謹慎面對，不然就會像貓頭鷹一樣失去了牠最愛的孩子。

●語言背後的含意

在面對濟公師父的時候，要明白面前的師父，是循循善誘的明師，要想到明師的動機就是教導，師父講的每一句話、師父開的每一個玩笑，都可能有著特殊的用意；如果想要完全明白師父的意思，我們需要清空自己的想法，虛心的聆聽，試著接受師父的每一句話，深入的思考。

如果師父寫的Q讓我們看不懂，讓我們覺得不高興，

讓我們覺得受傷，那就表示我們需要轉個身，換個角度面對我們自己的模樣，才會看懂師父的 Q，才會明白師父的意思在哪裡

所以，在商場上，不要只聽到顧客、對手的美言；在職場上，不要只聽到員工表面的附和，不要只聽到主管的讚賞；在廟裡，不要只聽到濟公師父表面的語言，無論是正經的、開玩笑的，或是調侃的話，要深入思考其中的含意。

凡事都能夠學習：如何反觀自己，或是融入別人的角色，明白別人的動機。

一個簡單的小小故事，卻有著無窮的回味。

【第二十三課】創造被人善用的價值

●進貢的心

師父說：「有一個皇帝，有一天他對所有的王爺公侯們說：『以後有什麼好處，我都要與你們平分。』

但是，作為一個皇帝，他的地位在眾人之上，他真的有可能與王爺們平分嗎？

就算他在嘴巴上這麼說，但是他心裡的慈悲心隨時都可能變卦；人說伴君如伴虎，心情隨時都會改變，你們認為這些王爺，真的就會死心塌地的效忠嗎？

如果你是這個王爺，當你的皇帝願意跟你們平分賺來的錢，你會不會覺得很開心呢？你的心情是不是會抱著期待呢？

有一天，皇帝說：『來來來，我們把賺來的錢分做四份，跟大家論功行賞。第一份要分給誰呢？論地位，我是地位最高的人，所以第一份應該先分給我。』

你們說合不合理啊？當然合理，接下來要分第二份了，你們覺得，會不會分給你們呢？

皇帝說：『論能力，我是你們之中，能力最好的，也最受人敬重的，所以這一份也是我的。』

好吧，他是皇帝，分兩份也是正常的事情，那分到第三份，有可能會分到你們嗎？

皇帝說：『論努力，這裡大大小小的事情都是因為我在指揮，才有這些成果，這一份還是我的。』

剩下最後一份了，這下子，總該輪到你們了吧。

皇帝這時說：『最後一份，誰敢拿！？』皇帝的表情嚴肅的拉了下來。

在這個時候，你們敢拿嗎？當然沒有人敢，於是四份財物都被皇帝拿走了。在這個時候，如果你是王爺，你的心情放得下嗎？是要平靜的回到自己原來的生活？還是心裡另做打算呢？」

師父讓大家想了想，有門生說：「心裡要有所打算。」

師父搖搖頭說：「這就是你們必須想通的地方，你們沒有什麼需要打算的。皇帝如果願意分給你，算是你的福氣，如果不分給你，那就代表你原來的努力付出，本來就是自己該做的事情，沒有什麼需要打算的，除非你自己能做皇帝。

無論皇帝對你有或沒有賞賜，無論你要怎麼做，都不可

以背叛皇帝。皇帝就是一國之尊,你想要他的賞賜,除非你懂得如何說話,讓皇帝願意主動賞賜你,絕對不能因此反叛,畢竟皇帝的資源比你多得太多,那不是你能夠抵抗的。

不管皇帝想要做什麼,你的一切行動就是要配合皇帝,要符合皇帝的心思,這就是君臣之道。

跟隨師父,師父教導你們走的,就是不同於一般人的道路,你們就要做不同於常人的思想。

如果王爺能夠放下『跟皇帝平分』的念頭,能夠轉變一個念頭,一切都是自己要進貢給皇帝,這個心態就會全然不同了,感受也會完全不一樣,從『為什麼我做這麼多,卻不分給我』變成『我自己要進貢的』,這是完全不一樣的心。」

古時候講進貢,指的是一些邊疆小國,每年都要進貢財物給大國,一方面感謝大國過去一年的照顧,二方面也祈求大國來年不會攻打自己,這就是進貢的意義,進貢換來的是大國的保護。

進貢的,是自己的努力和付出,把它當作自己份內的事,也是為了感恩公司、長官對我們的照顧和栽培。

師父說:「人總是在和自己的心比較和計較。所以,要

學濟公道，就要練到自己的心裡沒有計較，心裡沒有比較。

無論別人是怎麼談祭改、改運，師父講的道理，永遠是在教你們如何讓自己的心願意努力打拚，總是在教你們如何堅強自己的心，每一天都要讓自己的心沒有比較、沒有計較。

有人說：『為什麼我做了這麼多，卻沒有得到好處。』千萬不要這麼想，沒有什麼做得太多，這一切的做，都是進貢。只要你們調整了心態，就不會跟自己的心比較。

有人說：『哎呀，我的心是如何如何的煩啊。』千萬不要這麼想，每一天都要提醒自己的心，要耐心的等待，等待時機來到。

每一天就是好好的過一天，每一天要思考自己的布局，如何布得漂亮，布局就是需要時間，日後自然會有出路。

每一天就讓自己規律的做事，做自己該做的事；在做事以外的時間，就是自己修行的好時機。修行什麼呢？就是讓自己放鬆心情、好好的面對自己，學習模仿師父的道理。

凡事不用急躁，要學習等待，只要懂得等待，就不會和自己的心比較。就好像魚池裡的魚，需要時間長大，如果不能等待，這魚哪裡會有大尾的一天呢？」

雖然說伴君如伴虎，但是，我們先要懷著進貢的心面對
國君，原本就是沒有賞賜的，對於上司不要有計較心。

如果想要賞賜，那就要靠自己的應對說話，至於要如何
學習應對呢？

進取之道，就是從進貢心開始調整。

●學習應對與布局

信者帶著兒子一起來和師父聊天。

師父說：「許多優秀的門生，他們的優秀是師父教出來
的，因為他們總是認真的學，因為他們能夠學習師父的一句
話：『進取』。

有了進取的動機，你們就不會覺得壓力多麼的大，也不
會每天無精打彩的上班，何必讓自己的心受苦，每天只想著
要為錢奔波，想著家裡要用錢，孩子要用錢，讓自己失去了
工作的熱情，看著帳單有苦難言。

何必過著這樣的人生呢？所以你們要學習濟公道啊。

就像是有一隻狗，牠每天尾巴都翹得高高的，為什麼翹
著呢？因為牠就是高貴啊，這裡就是牠的地盤啊，牠在這裡
就是王啊，不容許別人來侵犯，別人當然就不會輕易來欺負
牠。

　　但是，如果有一隻狗，牠的尾巴總是向下垂著，顯露出無精打彩、畏縮的樣子，這樣別的狗會不會欺負牠呢？

　　所以啊，一定要帶著熱情、快樂的心情投入工作，保持自己的神氣。在工作上要學習什麼呢？要學習與人應對的說話與布局，這樣才不會每天挨老闆的罵，你們心裡老是在怨嘆：『老闆真是沒有人性，動不動就罵人。講話需要這麼難聽嗎？為什麼不能好好的教我呢？我就是不懂啊。』

　　但是師父告訴你們，老闆就是老闆，沒有第二句話；做屬下的人，只有一句話，就是配合接受，所以你們的心態要改變，要不然每天都是心情鬱悶，總是心裡不高興，悶在心裡的情緒，累積到一個程度之後，回到家裡就會情緒爆發。」

　　信者嘆口氣說：「是啊，現在就是這樣啊。」

　　師父說：「這就是憂鬱症和躁鬱症的前兆，叫做不良之症，叫做碎碎唸之症，看到不順眼的事情就要一直不斷的碎碎唸，那是為了抒發心情而唸，而且要一直唸到心情舒暢才會甘願。

　　所以要改變，要學習濟公道，如果想要升官，那就要學習啊。做為師父的門生，就要學習師父的幽默、承擔，被罵沒有關係，但是一定要想一想，下一次被罵的時候，要怎麼

應對。

你的兒子每次被你罵的時候，他都是怎麼應對的啊？」

信者低頭看了兒子一眼，茫然的說：「他都裝傻啊。」

師父哈哈一笑說：「那你就學他裝傻啊。裝傻裝得不好也會被罵，所以，要裝傻也要有點幽默，所以要學習師父的幽默啊，濟公師父不管遇到什麼事情，都是四兩撥千斤，輕鬆幽默的應對，所以要學習啊。」

調整了進貢心的心態，然後要有進取的動機，想要更上一層樓的動機，有了這個動機之後，才能夠鼓舞自己，不要再鬱悶。

開朗的笑容，才是開運的秘訣，不要做個喪氣的人，更不要在心裡累積悶氣，一切的付出、受氣，都是為了進取的動機，一切都值得，所以啊，要學濟公道啊。

●創造為人所用的價值

師父說：「師父送你一首籤詩讓你參悟：

杯水點魚相片畫，兩筆之點三角形，
落水芒草粒粒甜，黃袍加身待何時？

黃袍加身待何時，想要升官嗎？那你就好好的學吧，如果你無法學會，那你永遠只能等，不知道要等到什麼時候。

想升官的人，就一定要學習啊。」

黃袍加身的典故，講的是宋朝皇帝趙匡胤稱帝的過程，當他還在當總兵的時候，策劃了一場兵變，後來部屬們把黃袍披在他身上，擁立他為皇帝，這才順理成章稱了帝。

黃袍加身待何時？趙匡胤有部屬幫他黃袍加身，但是我們要等誰來幫我們加上一身的黃袍呢？如果只是枯坐原地空等，那又要等到什麼時候呢？與其被動的等待機會，還不如更加積極的學習、進取，主動為自己營造更好的機會。

師父說：「所以，你們要常常來跟師父學習啊，看看你後面的這位師兄，他是一間公司的高層主管，如果師父是那間公司的員工，我一定每天都要來這裡巴結他。

不管他說什麼，我每天都要像小李子一樣緊抱他的大腿，抱三年之後，我這個小李子，也會變成一個小貴子。

所以，你們很多人就是不明白怎麼巴結，巴結不是件壞事，它是在言語上、生活上的一種方法與態度。

就像乾隆那時候的和珅，他是怎麼巴結乾隆皇上的？為

什麼乾隆雖然明知和珅這種人不能用，卻始終沒有殺他呢？為什麼和珅一直到乾隆駕崩，才被嘉慶給殺了呢？因為乾隆對他有感情，而嘉慶沒有。

所以你們要去讀歷史，歷史中的道理，都是在這一世的演變當中。

對於乾隆來說，每一件皇上不方便做的事情，和珅都幫他完成了，後人都說和珅是貪官，其實他不是貪啊，取之財，取之用，散財之用，所以別人說他貪官，師父認為他不是貪，他是口才之財，君子愛財，取之有道，他的取之有道，造就了許多人的官運，雖然他的確造成了朝政的腐敗，那也是沒有辦法的事情。

有人可能會說，明明和珅是個貪官，為什麼師父要說和珅的好呢？但是你們不能只看事情的表面，不能只是聽別人一句貪官，就否定了和珅的一切，你們要想想看，為什麼像乾隆如此注重功績的人，卻不忍心殺了和珅？你們要看到的是，乾隆為什麼會這樣的重視和珅，把他當作是自己人。

把和珅的例子換做在工作上的想法，那就是你們要學習的地方，學習如何成為老闆的自己人。」

和珅的過人之處，在於他對乾隆的耿耿忠心和善於揣摩

乾隆的思想意圖，他「以帝心為心」。像是乾隆喜歡談文論史，自譽無所不知，和珅在編纂二十四史的時候，就故意抄錯字，讓乾隆指了出來，以表示天子的英明和學識淵博，滿足了乾隆的虛榮心。

就像和珅雖然成為了一等侯爵，雖然和乾隆的關係如此緊密，在乾隆面前卻仍然自稱「奴才」，如此柔軟的身段，就是常人做不到的地方。

看見上司的想法，甘於放下身段，以及全然的接受配合，創造自己被別人善用的價值，而不以自己的面子、利益為優先，這就是和珅值得我們學習的地方。

惟有自己主動創造機會，用心跟隨、配合長官的方向，才不用等待別人幫我們黃袍加身，而是靠自己掌握命運。

無論是在職場，或是在官場，個人的勤奮努力固然重要，除了追求個人的成就之外，我們是否曾經想過，自己要如何成為長官的助力、如何成為長官的貴人？要成為上司得力的左右手，變成別人的心腹，這是一門不容易的學問。這就是師父說的「巴結」，要學會如何成為別人信任、依靠的人，而不是我們以為的逢迎諂媚。動機是為了輔助長官、把工作做得更好而巴結，不只是為了自私的動機而巴結。

●保持進取，耐心等待

師父說：「積極進取，就是你們要學習與改變的地方，而不需要去相信流年或是命數。師父問你們一個問題，如果有一個算命仙，說你四十五歲之後會發大財，但是你現在就要開始每一天都努力打拚。

那你四十五歲的時候，你會不會發財呢？

萬一你四十五歲的時候，還是沒有發財，你的心態會是如何呢？」

信者回答：「表示算命的不準啊。」

師父說：「那不是算命仙不準，而是你已經習慣了現在的生活方式，有發財或者沒有發財，對你來說已經不算什麼了，也失去了為自己努力打拚的熱情。

所以你們要習慣現在的生活嗎？

如果師父說，你三年之後就會升官，你覺得有可能嗎？只有等你自己啟動了，一切才會有可能。

每一個人都在等待升官的過程之中，歷經了失望的心情，但是升不上去，代表的就是他還沒有準備好，不要因此喪失了熱情和期待，要耐心等待。

一個人要升官，先要想辦法突破他身上的包膜，這一層

膜看起來像是一種限制，但是也可能是一種保護，就像人的腹部有一層筋膜保護，如果破了洞，就會變成疝氣。」

　　這就好像雞蛋裡，在殼之內有一層膜，膜包覆著蛋黃和蛋清，在小雞孵化之前，那一層膜是用來保護小雞的成長，但是小雞長成之後，牠就要突破這一層膜，才能夠破殼而出。

　　如同古佛教導：「萬物之中都有包膜，這個膜是什麼？包膜，就是讓你知道，甘願被包，甘心被壓，甘願被磨，因為石頭不磨不成玉。」

　　包膜是一層保護，保護我們的成長，但是不能習慣這一層膜，時時要保持進取的動機，不斷的學習、改變，並且耐心等待突破的機會。

【第二十四課】爭取機會，明白動機

　　有一些教導的方式，是師父借用濟世當下的人事物，實際與人們之間的對話，用來點出人們身上的問題，好像是舞台上演的一場戲，共同演出了人生的課題，身在其中，感受更加深刻。

　　師父說：「既然老遠來到廟裡，就不要浪費了學習模仿的機會，靜下心來聽一聽，師父對每一個人說了什麼，看一看這齣濟世的戲是怎麼演的，看看濟公師父是怎麼判斷人心，如何布局說話，怎麼開導人心。

　　這齣戲，是自然演給你們看的，為什麼呢？就是為了要啟動、啟悟你們的心態。」

　　信者剛坐下，師父問說：「你有沒有覺得很奇怪，為什麼你的公司裡的主管，會在這裡當師父的門生啊？是不是很有趣啊？為什麼他會來呢？」指了指他背後的門生，他正是信者公司的高階主管。

　　信者笑了笑說：「我也不知道啊。」

　　師父說：「師父問你這個問題，就是要讓你學習的地方，

要學習怎麼說話巴結，可以順勢巴結你的主管，可以與別人拉近距離，讓師父教你怎麼回答。

如果是師父，師父會回答說：『師父啊，我知道他會來到這裡，一定是因為他很尊重師父，我也要跟他一樣，跟隨師父當門生。』就算是虛假的話，師父和這位師兄聽了也會開心啊。」

口頭上自然的跟隨，不只對師父巴結，更巴結了公司的主管，這就是與別人同心的方法，充分表達對別人的注重，而不只是想著自己的感受。

●故事：江湖術士的富貴險中求

師父說：「就好像有個江湖術士，他的算命技術很好，還會為人改運，他總是說自己能預知未來，開出來的藥方能夠藥到病除，他這句話傳到了一位國王的耳裡。

國王於是叫人把江湖術士找來，江湖術士一見國王就說：『國王啊，只要你賜我金銀財寶，你要求的事情都可以實現，死馬都可以當作活馬來醫。』

國王聽了，就說：這裡有一匹馬，我要你教會這匹馬唱歌。

你說，一匹馬有可能學會唱歌嗎？

　　江湖術士回答：國王啊，只要你給我十年的時間，再加上一千兩銀子，每一年再給我幾百兩的錢買食物給馬吃，十年後，我一定教會牠唱歌。

　　國王說：十年後，如果這匹馬沒有學會唱歌，我可要割下你的舌頭，還要砍下你的頭掛在午門之外，讓大家知道你是一個信口開河的騙子。

　　江湖術士說：沒關係，絕對沒有問題，十年後，我絕對教會這匹馬唱歌。

　　後來，這個江湖術士每天都悠悠哉哉的過日子，說也奇怪，經過了一年，這匹馬還是老樣子，江湖術士也沒有在教牠唱歌，一樣每天悠悠哉哉的過日子。師父問你，為什麼他會這麼悠哉呢？」

　　信者說：「他有把握。」

　　師父說：「如果，今天是你的老闆要你教這匹馬唱歌，你敢不敢答應，有沒有把握呢？」

　　信者一聽，苦笑著搖了搖頭。

　　師父說：「不敢嗎？那就等於你不敢升官啊，這樣的人要怎麼被老闆重用？

　　回到故事裡，國王身邊的親信，看到了江湖術士整天悠悠哉哉的過日子，親信很不高興的說：『你等著，十年後我

一定盯著你，讓你付出代價。』

　　江湖術士卻說：『十年之內，變化無常啊。也許國王會早死，也許這匹馬會早死，或者我會早死。十年之內的變化沒有人會知道，什麼事情都有可能發生。』

　　所以你如果要答應這件事情，你要有拿性命來賭一把的勇氣，這沒有幾個人做得到，這就是富貴險中求。你也要佩服這個江湖術士，他敢這麼答應國王，每一年都拿到幾百兩的銀子，日子好過，但是十年內會發生什麼事情，完全沒有人會知道。

　　就好像你們每天都在規劃自己的將來，總想著自己哪一年升官，哪一年可以受到重用，當時間來到的時候，如果被升上去的人不是你，你會不會感到失望？

　　你們每天在規劃，打算著長官對你的印象好或不好，打算自己要怎麼做事，下屬要怎麼管理，打算每一天怎麼規劃自己的前途，但是有一天如果長官問你：『你敢不敢做？』你卻回答一句『不敢』嗎？」

　　信者笑了起來，說：「是，我真的不敢。」

　　師父說：「那你要怎麼辦呢？這個新的大位，就是要讓敢做的人去坐的，你如果不敢，那要怎麼上大位呢？你敢不敢學這個江湖術士，拿自己的性命、前途跟老闆賭一把，如

果過了十年，國王和馬都沒有死，那就是你要被殺了喔。

　　但是在這十年內，他過的日子有沒有價值？那就要看你自己的價值觀怎麼想了，你就是缺少了價值觀和遠見。」

　　說到這兒，師父忽然唱起了軍歌：「夜色茫茫，星月無光，只有……」，停頓了一下。

　　一旁的師兄馬上接唱：「只有砲聲！四野迴盪！」配合師父的默契，好的不得了，大家都鼓掌了起來，師兄示範了如何認主，當長官的一句話講出來，要怎麼用心的接下那一句話。

●勇於承擔

　　師父繼續對信者說：「哎呀，你光是聽到砲聲，你就嚇死了。

　　師父問你，你的老闆自己經過了那麼多的砲聲，如果看到你是這樣的害怕砲聲，他要如何敢任用你呢？雖然知道你有能力，但是卻不敢把重要的事情交付給你，為什麼呢？

　　因為你無法表現出勇於承擔的態度，別人問你一個問題，你卻總是牽連其他的人或事情當作理由，不敢直接給出一個肯定的答案，而不敢像江湖術士那樣爽快的答應。

師父問你，你想不想要更上一層樓呢？你不往上爬的話，虎落平陽就要被犬牽了，被犬牽跟被犬欺是不一樣的喔，你到底有沒有聽懂啊？啊？？！！」師父故意把說話聲量拉大了。

信者慌慌張張的說：「好啦，等一下，我想一下，讓我沉澱一下。」

師父的語氣，又恢復了和緩說：「你看，你就是怕人大聲，這就是害怕砲聲的反應。師父直說吧，你要升官是困難的，如果只想要靠苦幹實幹升官，那是無法往上跳的，因為你的膽量不夠。

你的人生還有多長？還要等到何時呢？你的心被自卑的感受困住了，因為自卑，所以不敢抵抗、不敢上戰場。你的韌度足夠，但是執行度不夠，因為容易受到別人嚇唬，一切都是自己嚇自己，所以事情做不好，你看這故事裡的江湖術士是不是很敢做啊？如果你是這個國王，你覺得他會不會成功啊？

他會成功的，到後來你就會捨不得殺他，因為在這十年之間，國王會慢慢看見他的能力，如果不這麼做，國王就沒有機會見識他的能力。

所以十年內，江湖術士更要積極表現給國王看見，也在

這段時間跟國王培養感情，國王也會有自己的判斷，一個領導者對於他的下屬，他會選擇有力的、選擇有信的，所以下屬的能力強弱，他會自己做出選擇。

如果師父是你，就會馬上請師父收做門生，你可不要傻傻的啊，你的老闆已經跟隨了師父，那你要不要跟隨你的老闆呢？師父一開始就演給你看了，不管是真是假，自己要表現出來對老闆的跟隨，表現對老闆的巴結，一同做門生，日後老闆對你也會多一層不同的情分，是不是呢？師父已經講得這麼清楚，你還不知道怎麼巴結嗎？」

信者卻只是笑著，還沒聽懂師父的話。

師父說：「自己想一想，要怎麼巴結，要怎麼主動，師父已經指出了一條路，要怎麼走，就看你自己決定，趕快去吧。」

師父已經演給大家看了，教導信者自己爭取做門生、也可以巴結自己的公司老闆，但是他沒能意會過來，也錯過了最好的時機，接下來就沒那麼容易了。就像在職場上，如果聽懂了老闆的話中有話，那就要趕緊跟上啊。

●過程中的考驗

後來，師兄私下拉著信者到一旁，仔細的解釋了師父的

用意，他才明白師父的意思，於是又找了說話的空檔，走上前小小聲的對師父說：「師父啊，我可以做門生嗎？」

師父有點裝傻的說：「啊？你說什麼？你如果要做門生，必須要有你老闆來做保證人，簽字保證才可以啊。」

師兄聽到了，笑嘻嘻跑過來說：「師父啊，收他做門生啦。」

師父問：「你覺得這個人好不好啊？」

「好啊！！」

師父說：「好就要打賞啊！」

「打賞啦！！」師兄二話不說，吆喝一聲就打賞去了，信者更是高興的向師兄說聲謝謝，沒想到，這時師父卻說：「謝什麼，師父還沒有答應耶。

來到這裡，就是要明白奉獻付出的道理，錢要捨得花啊，再去跟他們聊一聊，等你蓋了印章再說，去吧。」

師兄一聽，無奈的說：「啊～～我都已經打賞了呀。」一陣笑聲過後，師兄繼續陪著信者解釋做門生的動機，這是師父給信者的第一次考驗。

讓我們來想想看，為什麼這位師兄明明打賞了，師父還不答應呢？

如果你是這位信者，當你看到自己的長官幫自己白白的

付出金錢，你的心裡會有什麼感受呢？你會不會對長官更加的信服呢？這其實是師父掌握人心的布局。

過了一會兒，信者又找了機會來請託師父收他做門生，師兄也一起陪著來拜託師父，師父說：「其實啊，他的能力真的是不錯，但是就是膽量不夠，以後要怎麼上戰場呢？門生如果不能跟師父同心，那就沒有意思啦，如果沒有膽量接話，那又要怎麼教導、要怎麼進步呢？

就像是那個江湖術士，你有沒有那種膽量呢？反正在那十年裡就是先享受啊，國王給他的一千兩，那是他一輩子也賺不到的錢啊。」

師兄說：「就像師父講的，在我的公司，當有人願意向董事長拍胸脯承諾，最後他要做的事情雖然沒有做到，董事長也沒有因此處罰他啊，但就是要有膽量啊。」

也許，這位董事長需要的，就是一個願意代替他去冒險的部屬，願意代替董事長去嘗試的人，只要過程中展現了他的用心和努力，就算最後失敗了，那也是他代替董事長承擔了失敗，更是為了公司承擔失敗，願意為公司扛下責任的人，是不是更值得長官重用呢？

但是，退縮的人往往是困在一個「我」字裡，擔心我的失敗、我的感受。

　　師父說：「你們如果只看到自己的感受，你們表達的膽量和企圖心就會不夠，那又要如何升官呢？許多人升不了官，就是因為不懂得巴結。

　　如果對公司的奉獻心不夠，也就是進貢心不夠，如果太在意公司給的薪水數字，心裡如果只想要領多少錢，做多少事。如果對工作計較，哪裡會有工作的熱情呢？這樣又要怎麼做師父的門生啊？

　　哎呀，師父實在是很猶豫啊，你再去跟他們聊聊，等一下看你怎麼講話應對，想想看你自己的動機是什麼，自己的動機，自己要表達清楚，你想要追求什麼樣的未來，就要看你自己如何選擇，師父不收沒有動機的門生，去吧去吧。」

　　師父一半開著玩笑，一半教導著信者，讓信者自己再去想想，這是第二次的考驗。

　　師父說：「一個人如果只想做個五品官，只想要輕鬆的度過一生，那是一種選擇，但是要想做個一品大員，他的位子、處境就會越是危險，如果沒有足夠的能力和程度，以後也是辛苦啊。

　　所以，你們一定要懂得奉獻。要明白，公司就是你們奉獻的地方，公司的高層主管也是你們要明白感恩的對象，如

果做不到這一點，又要如何成為門生呢？

　　奉獻的心、感恩的心，就是你們對待公司的進貢心，這樣的人才會對公司忠心。讓他趕快再去想一想吧，想一想怎麼打動師父吧。」

　　這兩次考驗的過程，其實都是師父的用心教導，是要讓信者親身感受到，錯失了第一次機會之後，再要扳回處境，會有多麼的困難，師父要讓他體會膽量的重要性。

　　師父也同時在激發他心裡那顆進取的心，進取的動機，更重要的，是要讓信者明白的想清楚，自己為什麼想要成為門生，什麼是門生的動機。

●門生的動機

　　信者原本是急著要趕回家，因為事先約好了，要跟家人一起吃晚飯，在遭受了師父兩次拒絕之後，他總算下定了決心，先打了電話回家報備，讓自己先放下急著回家的心情，沉澱了自己的思緒，也用心聽了我們的分享，思考著師父的用心。

　　最後，他再一次鼓起勇氣，對師父說：「師父啊，我已經懂得您教導我的意思了，日後我對任何事情，都會更加用

心的承擔。

師父啊，請師父接受我當您的門生，讓我有機會在您門下學習。」不同於前兩次的口吻，四周的氣氛都安靜了下來。

師父微笑著說：「讓師父考考你，看你有沒有機會成為門生。」說完舉起右手食指在信者面前，「這是多少？」

「一」

師父的右手在信者的面前比二，「這是多少？」

「二」

師父的右手在信者的面前比三，「一加一等於多少？」

「二」，信者不慌不忙的回答。

師父卻是不說話，之前這個遊戲，騙過好幾個人都傻傻的回答了「三」。大家安靜的等待師父的回答。

師兄卻率先打破了沉默，「師父啊！他回答的對啊，他學會了，這樣可以了啦。」

信者也跟著說：「師父，我培養出勇氣了，請師父收我做門生。」就在短短的一個小時之內，他已經開始有了改變。

師父這才哈哈一笑，「好啊，這次竟然有膽量聽清楚師父說的話哦，好啊，收做門生！」

得來不易的肯定，讓信者忍不住高興的歡呼著，好不容易通過了第三次的考驗，大家熱烈的鼓掌著。

　　師父說：「這麼好的機會，真的是天賜良緣，你是不是要感恩你老闆呢？經過這次的過程，你們的關係，會從部屬變成親友，變成門生，這樣彼此的關係是不是更不一樣呢？記得倫理一定要有，這樣的學習，是不是不一樣的感受呢？

　　這就是學習濟公道的感受，你已經開始體會了，未來你的升遷之道就打開了，但是這一切還是靠你自己的努力，加油啊，今天就是你的人生改變的一天，去吧。」

　　什麼是進取之道？

　　先要明白奉獻與感恩的心，所以對公司、對老闆有了進貢心，所以對公司、老闆總是願意付出、給無所求，總是保有熱情，明白進取的動機，放膽去做，知道如何巴結，用口去廣結善緣。

　　長官一句話，我們沒有第二句話，就像師父給我們一句教導，我們只有放下自己的堅持，順聽與做而已。

【第二十五課】放下自我，等待因緣

「認主」這一門課，是重要的一門課程。

師父說：「有的人會在公司批評老闆：『老闆既然把事情交給我處理，他為什麼又要干涉我怎麼做事情？為什麼要一直改變做法？』」

許多人都是這樣的習性，到處批評老闆是多麼的善變，但是這就是做人做事的重點，長官既然交代了你們事情，如果後面的做法改變了，如果與你們的想法有衝突，你們就要知道隨時調整觀念，這一點一定要做得到，你們才會有資格坐這個位子，如果做不到，那就不需要你坐這個位子了。

長官如果改變了想法，你們就要有熱情去接受改變，絕對不可以放任情緒發作，所以這些事情都要講好，如果做不到這一點，就不要坐這個位子。

所以你們就要學這件事情：『老闆本來叫你們做 A，當你們已經做得很順手，老闆突然叫你做 B 的時候，這個時候就要全力配合，千萬不可以有怨言。』

長官只要一句話交代下來，你們就要照著做，如果事後

發生任何的問題，長官自然會承擔，千萬不要跟長官做對。

有很多人就是這一點想不開，反而跟老闆對抗，這就是你們要改變的地方，一定要記得師父的話。」師父特別轉頭，交代一旁的小樂記下這段話。

●師父的布局

有位新門生正在進行叩首儀式，我站在師父身後，等著要稟報師父進度。

師父忽然回過頭來對我笑說：「哎呀，你回去坐好啦，稟報這件事交代別人做就可以了，去吧。」於是我請小靜接手稟告的工作，回到了筆生的座位。

輪到小樂坐在師父的面前，師父問：「你有沒有學會想開了呢？不管將來會有什麼事情發生，凡事遇到了再說，如果遇到了不高興的事情，那就乾脆重新再來，有的人每天唸經唸佛，沒有一天間斷，但是唸經之後，卻又和家人、同事口角，這樣就太可惜了，他的唸經只是在做功課、只是做個交代，卻沒有體會經文的內容，更沒有改變自己的心態。

師父問你，你今天學到了什麼？」

小樂猶豫的說：「學到……要快樂。」

師父說：「不是快樂啦，師父剛剛特別叫你要記下來的

那段話啊。」

　　小樂說：「要……樂在工作。」

　　師父嘆口氣說：「師父重新講一遍：『老闆本來叫你們做 A，當你們已經做得很順手，老闆突然叫你做 B 的時候，你們要全力配合，絕對不可以有怨言。』這才是你今天學到的事情，樂在工作是基本的，根本不需要說，聽懂了沒有啦？所以你今天學到什麼？」

　　小樂說：「自己要……認真。」

　　師父兩手一攤，說：「啊～～已經講這麼清楚了，還不懂得複誦，師父要暈了……。

　　所謂學習模仿，就是把師父說過的話講出來，每十句話裡，至少要有七句話跟師父講的一樣。

　　仔細聽師父重講一次：『老闆本來叫你們做 A，當你們已經做得很順手，老闆突然叫你做 B 的時候，你們要全力配合，絕對不可以有怨言。』所以你學到了什麼？」

　　「要全力配合。」師父一聽，手中的扇子差點拿不住，幾乎要從椅子上跌了下來，小樂忍不住笑說：「師父啊，弟子比較愚鈍，請師父原諒。」

　　師父說：「你們還沒有融入自己的角色，所以還不知道要如何模仿學習，你們不可以講自己想說的話，而是要講別

人需要聽的話，講別人要你們說的話。既然已經知道自己愚鈍，如果還要照著自己的意思講話，那結果是不是仍然一樣呢？

模仿學習，就是學習別人說的一字一句，從頭到尾，十句裡要有七句是照著別人說的話講出來，這才是學習模仿，你們就是不明白這件事情，所以學了這麼久都還沒有改變自己。」

師父特別回頭對著小靜說：「很多人都是如此啊，你有沒有聽懂？」

在一旁等了好久的小靜，好不容易等到了機會，急著站上前說：「報告師父，這位門生……」

師父馬上打斷小靜的話說：「師父正在教導如何說話應對，現在的你應該是要學習模仿，而不是急著報告自己的工作進度。

你們看到了嗎？這就是沒有融入師父的角色，他沒有注意師父在做的事情，卻急著要完成自己的事情，師父明明在教導你們如何學習模仿，他卻想著如何完成自己的事情。」

原來啊，師父一開始把我趕回位子，就是為了布局這一刻的教導，藉著這三個人的配合演出，讓我們真真切切的感

受到，我們平時是如何執著在自己的想法裡。

師父要我們融入自己的角色，注重別人的動機、觀察別人的動機，並且回應與照顧別人的動機，尤其是長官的動機，透過實際真人互動的感受，我們就會更加的明白體會。

什麼是巴結？巴結就是照顧好長官的動機，要把自己的想法先放在一邊。

●放下自己的想法

師父繼續教導小靜：「你們要仔細聽師父的口氣，師父的話如果還沒有說完，當然不能打斷師父的話。

在這個時候，你們就要放下自己的事情，放下自己的想法，要問問自己，師父是不是你們的上司，師父是不是你們最重要的人，是還不是？！」師父這時的表情，演得特別凶狠。

「是！」眾人一起回答。

師父馬上展露笑容，說：「好啊，哈哈……師父脾氣發完了。」師父逗趣的表演，逗得眾人哈哈大笑了起來。

師父說：「今天師父點出來的幾個缺點，都是你們會遇到的問題。習性讓你們堅持自己的意見，如果你們自己的意見是對的，你們早就已經成功了，所以你們一定要學習模

仿，去吧。」

　　見師父結束了說話，小靜這才上前報告：「報告師父……」

　　師父故意用嚴肅的口吻說：「等一下～～，要察言觀色，師父還沒有打 Pass 給你，要知道看狀況，師父現在正在火氣大的時候，你還來跟師父講話，做任何事情，都不需要急在一時，要穩。

　　如果客人正在火氣大，你的生意能夠談得攏嗎？你沒有聽到師父的口氣這麼差嗎？啊？如果現在對你不滿意，這時講事情有可能會談成嗎？等一下再來！」師父越講口氣也故意越緊繃，小靜趕忙陪笑，一直的陪不是，眾人又是看得哈哈大笑。

　　師父這時又轉為笑容，說：「演得像不像啊？哈哈，所以你們就要學習察言觀色，一定要等別人的氣消了，再來談事情，這才有機會成功，何必急在一時呢？

　　小靜啊，有沒有聽到師父的口氣改變了啊？馬上就要靠過來了啊。」師父再次露出和善的笑容，與剛剛判若兩神啊。

　　小靜馬上配合師父，滿臉笑容的說：「報告師父，新門生的叩首儀式已經完成了。」

　　師父同樣滿臉笑容，一直點頭說好，師父和門生的一搭一唱，看來特別有趣。

　　師父說：「所以你們要注重長官說話的時機，要學會配合長官說話，而不是照自己的意思說話。

　　來到這裡，就是學習與模仿，要看師父濟世的這場戲，是怎麼演戲，一切都要靠自己感受。」

　　來到廟裡參加濟世活動，其實不只是聽師父對自己說了什麼，不妨靜下心來聽一聽，師父對每一個人說了什麼，看一看濟公師父是怎麼判斷人心，是如何布局說話，又是怎麼樣開導人心。學到的，都是我們自己的啟悟與領悟，這就是師父給我們最好的祝福。

●有骨氣為什麼會失敗

　　師父說：「師父教了你們這麼多，你們也看了這麼多，你們要知道自己的感受：

　　你們在學什麼？

　　你們在想什麼？

　　你們在做什麼？

　　如果知道了，你們不管在家庭、在公司，就要知道怎麼

做出不同的感受。在公司，對主管的配合度就要做到最好，好為自己布局將來升官的路，一切靠自己去改變。

為什麼你們知道要改變呢？因為你們已經知道師父教導的好處，你們就知道要改變不一樣的感受，所以在做事情的時候，你們對事情的看法就會不一樣。

為什麼你們會改變呢？

因為你們深入了自己的角色，每一個能夠深入自己角色的人，他們都能夠找到成功的方法，心裡也總是快樂。如果一個人無法深入自己的角色，他就會每天過著同樣的生活，每一天總是怨嘆著自己的心，每一天都在折磨自己。

你們如果懂得深入角色，就會知道，你們正在學習如何迎接自己的快樂心。

如果發現有什麼不對的地方，你們就要馬上改變不一樣的做法，什麼事情都要趕快重新再做。

做的不對，就改變自己，

做的不對，改變方式，

做的不對，改變它的模式。

做任何事情，都沒有一套固定的方法，做錯了就調整；知道有問題，只需要調整，不需要在心裡折磨自己，更不需要固執自己。

就像師父說的，

做菜可以有 SOP，做人絕對不可以有 SOP。

做人一定要軟 Q，絕對不可以有骨氣，有骨氣一定失敗。

有骨氣為什麼會失敗？因為骨氣讓一個人無法柔軟，骨氣以後會變成骨刺，一碰到就痛。所以男人就要軟 Q，要能屈能伸，女人就要體貼、溫柔，這就是一種完全不同的感受。

所以你今天學到的東西，你看師父今天在教導他們，今天講的故事，如果師父不解釋，你們也聽不懂。因為無知之明，就有無知之事啊。無知之明，道法、刑法就嚴重。到了最後，受傷的又是誰呢？都是自己。所以，不管什麼事情都是自由心。你們的自由心很重要，改變了自己，你們才能改變一切。」

認識自己的「無知」，就是一種有知，因為明白了自己學習的動機。

●順其自然，等待因緣

自由心，就是擺脫心中的那些「不自由」，什麼是「不自由」？就是那些自我設限的情緒、情懷。

　　所以，不要受限於為公司好、為誰好的情緒，不要用情緒做事，不要為了什麼情懷和感受做事。

　　而是要深入自己的角色，堅定動機；不要與天命對抗，不要與天意對抗，不要對抗改變不了的事情，不要對抗沒有實力改變的事情；要順其自然，保有進取的動機，時時努力，耐心等待因緣，不強求結果，時時樂心。

　　做，錯了就改變。

　　做，不好就調整。

　　做就對了。

【後記】步向成功的心法

　　最初師父要靜觀把在廟裡看見、聽見的每一件事物都記錄下來，師父是這麼說的：「靜觀，好好的觀察，也許某個人原本是不可能成功的，最後卻能夠在師父的教導、在他自己的啟動之下，經歷一次次的失敗、挫折、轉變之後，而做出了自己的成就。」

　　在過去的八年來，曾在廟裡看過無數人的故事，故事就像師父說的一樣，在剛剛來到廟裡的時候，每個人都有著過往的個性和固執。有的人沒有求到他想要的答案，於是選擇了離開；有的人需要一些時間適應，離開了一段時間而又終於回來；也有一些人最後下定了決心要轉變人生，堅持繼續的來到廟裡學習。當他們明白要如何啟動自己的改變，也真正開始做出自己的改變之後，他們改變了自己說話的方式，改變了心裡的委屈感受，改變自己的選擇，改變了自己的承擔與堅強，也改變了他們遇上失敗的心態，他們的個性、家庭與工作都漸漸變得不一樣，擁有了不一樣的熱情與快樂。

　　在每個人剛來的時候，都有著自己的痛苦，他們想要向師父求一個改變，改變他的健康、改變他的孩子、改變他的

先生或妻子、改變他的事業與前途、甚至改變他的老闆，但是答案卻都是一樣的：

你的心情改變了，你的身體健康就會改變。

你的思維、情緒改變了，你的家人就會改變。

你的說話、應對改變了，你的工作就會改變。

你的熱情、快樂改變了，你的人生就會改變。

當你不再選擇與別人對立，當你不再指責別人，當你不再等待別人改變，當你開始願意做出自己的選擇，也願意承擔每一個選擇，你的人生就不再由別人決定，你的人生是由自己主導每一個決定。

當你開始為別人解決問題、開始為別人分憂解勞，你的貴人自然就會出現；只要懂得順水而行的等待，成功出現，也只是時間的問題。這本書中所列的二十五堂課，雖然看起來各自觀念不同，但是基礎的心法是相同的，最後提供三個心法，與各位分享。

師父說：「人生就是重視三件事，善待自己、開破自己、看破自己。」在成功之前，我們先要學會這三步心法。

這三句話，是修心的法門：

善待自己：降伏心中的情緒、不安。

開破自己：突破心的框框，創造新的思維。

看破自己：不執著於現在，凡事順其自然，積極等待。

●第一步，善待自己

善待自己，是最重要的第一步。懂得善待自己的人，才能夠安定自己的情緒，也開始累積自己的福德與福報。

如同師父說：「其實不是別人看不起你，而是自己看不起你自己。」人常常把自己的許多情緒，怪罪在別人身上，認為自己的情緒都是別人引起的，事實上，那都是自己的心所造就的。

當你想到自己的時候，都是什麼樣的心情？是平靜、擔心，還是憂慮的情緒呢？當你想到過去的時候，你先想到的都是什麼呢？有沒有什麼情緒牽絆著自己呢？有許多的時候，當我們想到自己的時候，我們常常是以「苦」對待自己，以「怨」對待自己。

比方說吧，我是如何看待自己的成就？是好還是壞的呢？我是不是跟自己計較著成就的高低好壞呢？這時就應該再問問自己：「我跟自己比較成就好壞，究竟是為了什麼呢？是為了讓誰看呢？成就好壞是這人生最重要的事嗎？自己真

正需要的是什麼呢？」

　　想想看：

　　是否因為曾經被老闆大罵過，所以不再想要表達意見、也不想再對工作熱情了呢？

　　是否曾經被用心栽培的員工背叛，所以不再相信員工了呢？

　　是否因為吃過虧、被別人欺負了，所以選擇了武裝自己，不再擺出親切的笑容了呢？

　　是否因為不想再吵架，所以乾脆閉上了嘴巴，不再跟另一半溝通了呢？

　　是否因為不想得罪人，所以處處配合別人，本來只想做個好人，卻弄得滿腹委屈呢？

　　所以，「成就」真的重要嗎？一個人的成就高低，就像拍照，照片的模樣只是一時的，也是表面的；而實際上，人與人之間的相處，家人的平安健康與相互的情感交流，工作事業上能夠為他人創造的價值，更是長長久久的影響著我們的生活，也影響著我們看待人生的意義。

　　人本來就是群體的動物，無論成就是高或是低，我們更需要的，是明白如何融入群體的生活，如何明白自己的動機，如何影響別人，而不是控制別人；如何堅持方向，而不

需要衝撞別人；如何安定自己的心情，也安定別人的心，這些都是值得學習的課題，在面對課題之前，先要認識自己。

此刻自己表現出來的樣子、在臉上常有的表情、每一次說話的口氣，常常受限於過去的記憶。當別人無心的一句話觸碰到過往的委屈、痛苦、壓力時，就會改變了我們說話的樣子、口氣；每一次不經思考、脫口而出的話語，每一次心中的怒氣，往往在造成了衝突之後，又讓我們後悔不已，於是在心裡不斷的折磨自己。

過去受害的我，深深影響著此刻的我。

此刻動怒的我，傷害了現在的你和他，更懊悔了未來的我。

心中明明有一句話想要開口，卻又擔心對方生氣，卻又擔心別人不接受；心裡明明有件事想做，卻又害怕別人的批評與反對；受苦的，是自己這一顆心，阻止我們改變的，也是這一顆心。過往的痛苦，逼著我們關上了一扇又一扇的門，失去了對這生活的熱情和快樂。

說也奇怪，總說人們是健忘的，我們容易忘記了過去曾認識過的朋友、曾有過的快樂記憶；偏偏為什麼曾經受過傷

害的情緒、傷害過我們的人，卻是過得再久，也無法忘記？
為什麼只會記得別人的不好，卻忘記了過去他們曾對我們的
好？那就是身而為人的苦處，這顆心總是追逐著痛苦，習慣
不斷的複習著曾經受過的苦、總是在心裡爭辯著自己的對
錯、憐憫著自己的委屈；我們如果把自己當作是個「受害
者」，就永遠無法跳脫那樣的痛苦循環。

　　我們一旦把自己當作是「受害者」，我們也就扮演了權
力無上的法官，判定了別人就是加害者。那些所謂的加害者
卻沒有一個辯護律師，沒有人在我們的心裡為他們說一句好
話，沒有人會提醒我們，所謂的「加害者」，可能曾經是個
好朋友，可能是最關心我們的家人。當我們情緒來臨的時
候，只要一個主觀、一個先入為主的判決，只要判定了對方
有罪，只要認定了他是「對不起」我的，這份怨念就會長久
的影響我們的人生，影響未來身旁的每一個人。所有的負面
情緒都是那麼的難以忘記，因為我們惦記著別人的「虧欠」，
因為心中的不甘願。

　　受害者的心情，關上了我們的心門，以為這樣就能夠阻
止別人的傷害，其實是阻止了我們開口與別人和好的機會，
阻止了別人示好的機會，阻止我們表達心中的關懷、阻止我
們積極的學習、阻止我們大膽的發展創意、阻止我們得到新

的經驗，更阻止了我們尋著貴人的機會。人生實在不需要為了過去的一步錯，而讓此後都是步步錯，受害者的心態，正日日夜夜不斷的折磨自己。

轉個念，放下過去的我；
可以重新開始善待自我，可以重新和好你和他，創造未來快樂的我。

做出選擇，選擇放下過往的情緒，我們可以選擇堅強，我們可以選擇承擔，我們可以放下對錯的執著看法；放過了別人，我們就可以開始善待自己。

善待自己，就是告訴自己，拿出勇氣對抗情緒，堅強放下過去的委屈情緒，接納自己過往做過的一切蠢事。丟了面子又如何，每一個人都是小嬰兒開始的，在成長的這一條路，每個人都會有一段懵懵懂懂的時光，所以失敗、跌倒或是丟臉都是自然的過程。重要的不是其中的結果，而是過程，我們有沒有從每一次失敗中得到經驗，有沒有做出調整，有沒有為自己安排下一步的改變。

只要願意學習、願意調整，自然能夠得到經驗，人生的這一切都可以改變。

　　善待自己，在我們的心裡，我們不是那個至高無上的法官，我們不需要給別人判決，不需要給別人貼上是非對錯的標籤，因為我們知福而且惜福，此刻的憤怒、委屈，只是人生中的短暫一頁。靜下心來看看自己，我們擁有更多值得珍惜、值得快樂的人與事物，要常常感謝上天給了自己健康身體、家人的平安、感謝別人的付出和善意，不斷的感謝身旁的每一個人。就算是與我們理念不合的人，我們也可以一笑置之，他走他的獨木橋，我走我的陽關道，等到哪一天有了共同興趣，還是可以共同合作，無須相怨。

　　在人與人之間，就是一份因緣，有時緣起，有時緣滅，總是廣結一份善緣，無論是要生起或是了結。

　　在我們的心裡，總是堅持著自己的一份理念，不需要怨念、不需要相怨，我們可以堅定的拒絕別人，卻不需要互相傷害的語言。只要我們的心有了足夠的自信和堅強，就不需要那些難聽的字眼當作工具，人生最好的工具，就是我們的笑容，就是我們的熱情而已。

　　以善念對待自己，以善念對待別人，讓生活沒有懊悔，那就是善待了自己，「善待自己」就像是一根定海神針，能夠穩住我們心中的大局，安定了自己的心，下一步就能夠開破自己，突破自己。

●第二步，開破自己

找到了自己的定海神針，下一步就是要開破自己。

「開破自己」，就是突破自己原來在思想上的框框，突破現在的能力，就是要提升自己思維的境界與格局。所謂「欲窮千里目，更上一層樓」，在我們更上一層樓之前，我們當然看不見千里以外的風景，這時問題來了，如果我們無法想像更遠的風景，我們又要如何提升高度呢？

就好像螞蟻，是平面的動物，他們緊盯著眼前的路，他們循著別人留下的氣味行走，所以他們只認識平面的世界，無法想像「高度」這一件事情，也無法想像出一個立體的世界。這時就需要有人為牠指點一條「未知」的路，而螞蟻也必須願意抬頭、願意走向沒有別人留下「氣味」的地方，願意改變自己的「看見」，放下自己本來熟悉的「看法」，轉變一個看待世界的方法，自己去走，自己去體驗。

為我們指點的人，也許是有經驗的前輩、我們的主管、未來的貴人，或者是師父。師父的指點就在靜觀寫過的這幾本書中，就在未來將要寫的書中，不過別把那些指點當作是「知識」看待。

有人告訴我說：「師父講的我知道啊，我本來就是這麼做的。」

　　可惜的是，如果我們把別人的指點當作是「已知的事物」看待，螞蟻又要怎麼學會「高度」呢？

達摩祖師說：
見那見不到的事物、
聽那聽不到的事物、
知那不知道的事物，
才是真理。

　　如果我們想要開破自己、想要突破自己，就要把別人的指點當作「不知道」看待，我們需要使盡全力去嘗試、去做看看，我們必須想盡辦法，去探索出自己不曾了解的意義和內涵，才能夠見到千里之外的風景，才能夠更上那一層樓。

　　開破自己，就像是參悟佛法的過程，如果光是用腦袋去想、用邏輯去想，那是想不出來的，我們腦袋中所執著的答案，我們以為的對與錯，都不會是真正的答案。就像人們說的，世事多變，計畫趕不上變化，變化趕不上老闆的一句話，這是無常，所以需要「見那見不到的事物、聽那聽不到的事物、知那不知道的事物」，需要我們保持一個好奇的心思，常常鍛練自己的布局、思維能力，好應付每一次的變局。

　　當老闆交代一件重要的事情，不能只是完成那一件事，而需要往高處看，看看老闆為什麼重視它、它的價值在哪裡、它的影響有多遠、它影響了哪些人，在這件事情的背後，還有沒有哪些老闆沒有講出來的細節和後續工作？還有沒有自己「不知道」的事理？常常做這樣的思考練習，就會更加明白老闆的動機是什麼，就會越來越接近老闆的那一層樓，也會看見老闆眼中的風景是什麼，學習那些「不知道」的經驗與事情，這才是開破自己能力、格局的真理。

　　所以在面對難題的時候，我們需要鍛鍊自己的堅強、需要鍛鍊探索未知思維的能力，即使是再怎麼討厭的人、再怎麼棘手的事情、再大的壓力，也得要穩著心情，繼續的堅強自己，不斷的翻新思維和布局，不斷的以大局設想，不斷的放下小我的成敗得失。

　　如果發覺自己開始陷入了憤恨的情緒裡，那就趕緊換個地方放鬆自己，重新的善待自己。

　　如果一個想法行不通，那就趕緊重新再想一個，不需要執著一個行不通的想法，不需要浪費時間去爭辯、去批評。

　　如果能夠不斷的鍛鍊重起一個思維的能力，漸漸就能具備了臨機應變的能力，在每一次被別人反對的時候，我們將能夠及時的重新再想一個。

　　如果還是失敗了，我們也趕緊為自己準備好重新開始的下一步。

　　人生何必後悔，真正的懺悔，並不是責怪昨天的自己，責怪昨天又能如何？不如交代明天的自己，做出不一樣的選擇，走出不一樣的下一步，那才是人生的真懺。

　　當有那麼一天，無論別人如何出難題，無論臨時出了多大的狀況，我們也能夠隨時反應、處理，也能夠保持心中的安穩，還能給予別人安定、希望，到那時，我們也就距離開悟不遠了。

●第三步，看破自己

　　師父說：「當無法開破自己的時候，那就要看破自己。」

　　人生這一條路，只有那麼一個生命終點，其中的起落、成功失敗都不是重點，最重要的是這一段過程，我們是否走得踏實，是否能夠不斷的墊高自己的心，提升自我的境界。在這世上的事情，本來就沒有一個「慢」字，農夫種稻子要收成、小樹要長大、事業要成功，甚至是要培育孩子成材，無論是哪一件事情要成就，都是因為它的因緣成熟、俱足，需要對的時間、足夠的能力、完善的條件。當我們的天時、地利與人和都足夠了，自然事情能夠水到渠成。

　　一個人的能力再強、權位再高，也會有他做不到的事情，也會有他必須放下的事情。就像許多人來問師父，孩子功課不好怎麼辦、孩子走了歧路要怎麼辦、自己的身體健康不好要怎麼辦。關於健康的事情，師父可以加持，只要福德做得夠，身體健康的問題都有機會挽回，但是自己的心情必須照顧好，這健康才能夠長長久久；當我們照顧好自己的心情，當我們的福德做得足夠，我們的孩子自然就會走上對的路，上天自然會安排一條更好的路給他們。

　　我曾在前面幾本書中，提到師父是如何調解了我與大女兒之間的問題，大女兒從一開始唸國中的時候與我對抗，功課排在班上最後一名，後來師父要我放手，不再伸手管教女兒，要我好好的善待我自己。八年後，女兒上了大學，現在的她，就算假日也是積極的準備功課，比我唸大學的時候還要認真唸書。她的功課在班上前幾名，還找了不少輕鬆兼差的翻譯或是助理工作，無論哪個方面都不需要我的擔心，我也早已不再擔心，因為在孩子教導這件事情上，我早已經看破了自己。

　　這些年來，我只負責做好孩子的後盾，在他們舉手的時候，伸手幫助他們，總是鼓勵他們發展自己的路，當他們考試成績不好、他們不喜歡唸書、他們有時貪玩手機，我總是

輕鬆看待，因為那些批評、責罵的話語，只是在反應我心裡看不順眼的情緒。孩子只是需要時間，找到自己的方向，手機只是他們抒發心情的出口，我必須真正的看破自己，真心明白孩子的未來不是「我」能控制的，我需要充分相信自己的孩子，幫助他們一步步的為人生負起責任，給他們機會去尋找自己的方向，他們自然就會找到自己的那一條路。

　　人生有太多看似不公平的事情，這時唯有看破自己。在本書第二課土地公與小女孩的故事裡，當小女孩百口莫辯的時候，當自己相信的土地公，祂的聖杯也無法為自己證明清白的時候，面對自己的信仰，她要如何面對自己、要如何面對身旁的人呢？面對心中那麼大的委屈，她難道要放棄自己的信仰嗎？她要放棄對父母的信任嗎？她要放棄自己的未來嗎？

　　這時唯有看破自己，放下它、接納它、處理它，相信這世上的每一個安排，都是最好的安排，然後才有機會見到上天的安排，這一切都是上天如法的安排。如同愛因斯坦所說，他所信仰的，是宇宙自然的法則，如同釋迦牟尼佛住世四十九年為了世人講述的佛法，也是宇宙不變的真理；所以信仰的本質，是自然運行的法則，無論是人、是神都是如法修行、如法行事，無法強求。

　　既然此刻前無去路，那就靜下心來修築新的一條路，既然時候未到，那就耐心等待，繼續的學習、模仿、奉獻、付出；修人生的智慧，修人生的福德，凡事總是慢慢修、快快到，事情自然會在對的時候發生。

　　看破此刻的無能為力，甘願的接受此刻的一切安排，接納自己能力不成熟的地方，接受自己的尚未成功，接納別人能力不成熟的地方，也接受別人的總是不成功。安下心來做自己的功課，該學習的應對說話、該磨練解決問題的能力，靜心等待，等待一切順其自然的發生，總是懷著好奇的心思做好每一分準備，等待在機會來臨時，把握出手的機會。

　　我們無法「控制」別人的人生，無法「控制」別人的個性，說實在的，我們甚至無法「控制」自己的人生，但是我們有機會改變自己的人生。從「善待自己」、「開破自己」開始，然後「看破自己」，用一個全然不同的自我，去影響身旁的每一個人，用我們的一言一行，用我們的做事態度來影響他們，讓他們願意跟隨、願意一起成長。

　　善待自己，不斷的開破自己，願意看破自己，自然的，我們將會展現出不一樣的安定感受，安定自己的心，然後能夠安定旁人的心，我們說的每一句話，都將帶給他們希望。到了那個時候，我們將會明白，人生追求的成就，並不只是

世俗觀點的成就，掌握了修心的法門之後，一切成就都將會自然的到來。

●實行的信仰

　　在師父說的每一個故事裡，濟公師父常常只是用簡單幾句話，只花了幾天，一下子就改變了那個人的事業和個性。但是在真實的人生裡，那可能是連續好幾個禮拜，甚至好幾個年的對話和教導，畢竟每一個人都有著他原來習慣的思想和個性，不可能馬上改變。一個人如果想要得到真實的改變，唯有自己確確實實的啟動自我，把師父點醒過的每一件事，都轉化為明天的行動，把它運用在與別人交談的一言一行當中。

　　最真切的信仰，並不在於如何虔誠的拜神，而是如實的「證道」。無論是信仰上帝、釋迦牟尼佛或是不同宗教的神，那都是善的、都是好的，但是最重要的，是用自己的行動去證道，證明神教導的道理確實能夠改變人生、能夠安定人生。信仰的本質，是宇宙不變的真理，而神是傳授真理的導師，在信仰之中，我們不是求神，而是求自己，求自己願意實行那些真理，願意為神證明那些真理是真實可用的，能夠藉此幫助更多的人。

神明，是你的感受，
道理，是你的感覺，
實行，是你的體會。

不要沉迷於神明的感受、道理的感覺，只有真實的啟動、實行，只有真實做過之後的體會，才是真實的道理感覺，才有真實的神明感受。

我實行過，我善待了自己，願意放下了過去的相互抱怨，重新開始經營夫妻的關係。我不要求她改變，而是自己先有改變，因此改變了我與妻子漸行漸遠的關係，如今她也與我一同在這廟裡同修，共同體會神明的感受、道理感覺。

我實行過，我不斷努力開破自己，在工作上勇敢挑戰自己，做那些過去從來不曾做過的事情。我從一個公司內部的幕僚人員，轉做外面的業務工作，雖然現在還沒有一個管理的職稱，但是我正在管理一、二十人的工作方向和專案，應用著師父教給我的道理，與更多的人們共同興趣，共同追求業務的目標，我正在體會不一樣的格局與境界。

我實行過，我看破了自己對於孩子的擔憂，我看破了自己對於成功的擔憂，雖然眼前還沒有實現工作的成就，但是我明白一切自有安排，總是不斷的提醒自己，忠於自己的初

衷，安定自己的心，也安定孩子的心、安定工作夥伴的心，
未來還有著更多的領悟和體會。

見那見不到的事物、
聽那聽不到的事物、
知那不知道的事物，
才是真理。

故事禪 2　重啟人生

作　　　者　　靜觀

出 版 者　　邱顯忠

　　　　　　　646 雲林縣古坑鄉荷苞村 58-8 號

　　　　　　　電　　話：0922-617-260

　　　　　　　電子信箱：grant0130@gmail.com

代 理 經 銷　　白象文化事業有限公司

　　　　　　　地　　址：401 台中市東區和平街 228 巷 44 號

　　　　　　　電　　話：(04) 2220-8589

印　　　刷　　前進彩藝有限公司

I S B N　　9786260123697（紙本）

　　　　　　　9786260123970（PDF）

出 版 時 間　　2024 年 2 月

版　　次　　初版一刷

定　　價　　420 元